ELEMENTOS OLVIDADOS

Cinco elementos indispensables para
conocer y seguir a Jesús

JAMIE JOHNSON & MOLLY JOHNSON
Un Recurso para Boy With a Ball

Elementos Olvidados

por Jamie Johnson y Molly Johnson
Derechos de autor © 2024 El Niño y la Bola

ISBN 978-1-63360-280-9

Todos los derechos reservados. Este libro está protegido bajo las leyes de derechos de autor de los Estados Unidos de América. Este libro no puede ser copiado o reimpreso con fines comerciales o de lucro.

Las citas bíblicas están tomadas de LA SANTA BIBLIA: Nueva Versión Internacional (NVI) de la Sociedad Bíblica Internacional en 1979. Los derechos de autor de la NVI pertenecen a la Sociedad Bíblica Internacional (SBI).

Este libro es publicado para distribución mundial

Urban Press
P.O. Box 8881
Pittsburgh, PA 15221-0881 EE.UU
412.646.2780

Dedicado a todos los jóvenes del mundo: a los que amamos, por los que luchamos, y a los que aún no conocemos

Reconocimientos

Son muchos los que se dieron al descubrimiento, la comprensión y la vivencia de estos cinco **Elementos Olividados**. Los reconocemos con gratitud y profundo amor.

En primer lugar, rendimos homenaje a nuestro equipo original de El Niño y La Bola, que pagó el precio para descubrir y vivir los **Elementos Olividados**:

> Emiliano Alvarado, Sam Chen, Anna Currie, Beth y Thomas Hernández, Jody Lundy, John y Candace McCarter, Chris y Kelli Mora, Ryan y Magen Quiroz, Matt y Lauren Sartor, Melissa Tankersley, Peter y Melissa Watts, y James Williams

Agradecemos también a los líderes que nos enseñaron a escuchar y obedecer la voz de Dios, que lucharon por resolver estos problemas y que nos cuidaron en el camino:

> Dennis y Carol Anne Braswell, Keith y Patricia Currie, Leroy y Judy Curtis, Kevin y Dudley Davenport, John y Ellen Duke, y toda la familia de *Covenant Life Church* en Lawrenceville, GA, Brian y Kathy Emmet, Dr. Robert y Sue Grant, Gary y Sharrol Henley, Chris y Donna Hyatt, John y Judy Lowry, Jim y Debbie Matthias, Jim y Diane Newsom, Randy y Linda Reinhardt, Charles Simpson, Grant y Stacy Simpson, Stephen Simpson, John y Kathy Stanko, David y Marilyn Thompson, Mark y Caren Woodruff, y Hugo y Alice Zelaya y toda la familia de la Iglesia Nueva Esperanza de San José, Costa Rica

A los autores y ejemplos de la fe cuyas obras nos inspiraron a profundizar en Su conocimiento:

> Jackie Pullinger y el equipo en St. Stephens Society, Dr. Robert Coleman, y el Hermano Lawrence.

Nuestro agradecimiento a Cindy Chen y Christine Torres Emmet, que desempeñaron un papel fundamental en la creación de este libro.

Agradecemos a Hugo Zelaya, quien tradujo este libro desde su original del inglés al español.

Por último, damos las gracias a los equipos locales de El Niño y La Bola y a los jóvenes con los que trabajan en San Antonio (Texas), San José (Costa Rica), Managua (Nicaragua), Atlanta (Georgia), Enugu (Nigeria), Nairobi (Kenia), Boston (Massachusetts), Addis Abeba (Etiopía) y Beirut (Líbano) por dar sus vidas para hacer realidad los **Elementos Olividados** y ayudar a los demás a alcanzar los sueños que Dios les dio.

ÍNDICE

Prefacio ix
Introducción: 1

EL PRIMER ELEMENTO OLVIDADO: APRENDER A OÍR Y OBEDECER LA VOZ DE DIOS

CAPÍTULO 1
Samuel: Uno que supo oír 7
CAPÍTULO 2
Un vistazo a cómo aprender a oír y
    obedecer la voz de Dios 15
CAPÍTULO 3
¿Para qué aprender a oír y obedecer la voz de Dios? 18
CAPÍTULO 4
Cómo aprender a oír y obedecer la voz de Dios 26
CAPÍTULO 5
Resumen: "Aprender a oír y obedecer la voz de Dios" 31

EL SEGUNDO ELEMENTO OLVIDADO: COMO VIVIR EN INTIMIDAD CON DIOS TODO EL TIEMPO

CAPÍTULO 6
El apóstol Juan: A quien Jesús amó 35
CAPÍTULO 7
Un vistazo a la vida en intimidad con Dios todo el tiempo 41
CAPÍTULO 8
¿Por qué aprender a vivir en intimidad con Dios todo el tiempo? 44
CAPÍTULO 9
¿Cómo vivir en intimidad con Dios todo el tiempo? 50
CAPÍTULO 10
Resumen de "Vivir en intimidad con Dios todo el tiempo." 58

EL TERCER ELEMENTO OLVIDADO: ABRAZAR UNA VIDA DE FE Y SUFRIMIENTO

CAPÍTULO 11
Jesús y Pablo: como "varón de dolores" (Isaías 53:3) 62
CAPÍTULO 12
Un vistazo a una vida de fe y sufrimiento 67
CAPÍTULO 13
¿Por qué abrazar una vida de fe y sufrimiento? 70

CAPÍTULO 14
Cómo abrazar una vida de fe y sufrimiento 79
CAPÍTULO 15
Abrazar una vida de fe y sufrimiento: Resumen: 84

EL CUARTO ELEMENTO OLVIDADO: ENCONTRAR Y CUMPLIR EL PROPÓSITO DE DIOS PARA LA VIDA

CAPÍTULO 16
Abraham: Cumplidor de las promesas 88
CAPÍTULO 17
Un vistazo a cómo encontrar y cumplir
 el propósito de Dios para la vida 92
CAPÍTULO 18
¿Para qué encontrar y cumplir el propósito
 de Dios para la vida? 95
CAPÍTULO 19
Cómo encontrar y cumplir el propósito de Dios
 para la vida 103
CAPITULO 20
Encontrar y cumplir el propósito de Dios
 para su vida: Resumen 110

EL QUINTO ELEMENTO OLVIDADO: VIVIR EN EL PODER DEL ESPÍRITU SANTO

CAPÍTULO 21
Pedro: De caña sacudida a roca inconmovible 114
CAPÍTULO 22
Un vistazo a lo que es vivir en el poder
 del Espíritu Santo 121
CAPÍTULO 23
¿Para qué vivir en el poder del Espíritu Santo? 123
CAPÍTULO 24
Como vivir en el poder del Espíritu Santo 133
CAPÍTULO 25
Vivir en el poder del Espíritu Santo: Resumen 140

Resumen: "Los Cinco ELEMENTOS OLVIDADOS" 143
Conclusión 145
Notas finales 149

Prefacio

El último día de febrero de 1964, en la Segunda Iglesia Bautista de Detroit (Michigan), Martin Luther King Jr. predicó un sermón basado en Lucas 2:41-52.

El pasaje narra la historia de José y María que venían con Jesús, de 12 años, a celebrar la fiesta de la Pascua en Jerusalén. Según la ley de la época, todo varón debía ir a Jerusalén para las tres grandes fiestas de cada año (Deuteronomio 16:16). La Pascua era la más importante de estas fiestas y era seguida inmediatamente por la Fiesta de los Panes sin Levadura, que duraba una semana. José, María y Jesús se presentaba y volvían de las fiestas en caravanas para protegerse de los ladrones que asaltaban en los caminos de Palestina.

Cuando terminó la fiesta, el grupo de José y María caminó un día entero de regreso a su pueblo natal. En palabras del Dr. King, "se detuvieron, imagino que para comprobar que todo estuviera en orden, y descubrieron que les faltaba "algo" muy valioso. Descubrieron que Jesús no estaba con ellos. "Jesús no estaba en medio". Tanto marido como esposa pensaban que venían con Jesús, pero, un día después de caminar, descubrieron que lo habían dejado atrás. "Al no encontrarlo", dice Lucas, *"regresaron a Jerusalén para buscarlo allí"* (Lucas 2:45).

"Ahora bien, lo que realmente hay que ver aquí es esto:" predicaba King, "que los padres de Jesús se dieron cuenta de que habían regresado y que lo que habían perdido era de un valor sumamente grande. Tuvieron el suficiente sentido común para echar de ver que antes de que pudieran regresar a Nazaret, tenían que devolverse a Jerusalén para recuperar ese "gran valor". Lo sabían. Sabían que no podían volver a Nazaret sin regresar a Jerusalén.

A veces es necesario retroceder para poder avanzar. Es una analogía de la vida"[1].

Este libro existe porque nosotros, como José y María, en nuestra búsqueda de Jesús y Sus caminos, dejamos olvidados algunos elementos muy valiosos. Hay herramientas críticas y **Elementos Olividados,** que se enseñan y se usan en toda la Biblia. Son esenciales para hacer el ministerio de Jesús, pero lamentablemente no están presentes o no funcionan en la vida de muchos que dicen seguirlos hoy.

Este libro es una herramienta de capacitación. No es la clase de libro para leer una vez y olvidarlo o guardarlo en la biblioteca. Es la clase de libro que se lleva consigo atrás en la bolsa del asiento del auto, en el libro electrónico o incluso en el bolsillo del pantalón. Será un recurso y una ayuda para alcanzar lo que buscamos.

Este libro incluye **cinco elementos** importantes pero olvidados que llevará tiempo y práctica aprender a ejercitar. Son sobrenaturales, pero también prácticos. No son solo para memorizar. Son objetivos que requieren acción.

Hace dos mil años, Jesús entró en un mundo religioso de gente con aspectos repulsivos de la religión. Lo enfrentó con tanto valor que los religiosos de la época optaron por matarlo. Jesús tuvo una vida que, lamentablemente, tiene poco en común con las iglesias de hoy. Vivió intensamente, motivado por el amor que trasformaría el mundo, un amor nunca antes visto. Vino a un mundo herido e invitó a un pequeño grupo de jóvenes para que lo siguieran y le ayudarán a enseñar a la gente a superar las condiciones que los tenían arruinados y sofocados.

Su vida es inspiradora, profunda y llena de pasión. Sus acciones poderosas, creativas y colmadas de inspiración Sus palabras a veces categóricas y misteriosas, pero siempre afectuosas y acogedoras. El Jesús que usted encontrará en la Biblia y en las páginas de este libro puede sorprenderle y cambiar su vida, como lo hizo con aquellos que se encontraron con él en aquel tiempo.

El Niño y La Bola, se fundó en 2001 para alcanzar a jóvenes y ayudarles a conocer y seguir a Jesús. El Niño y La

Bola es una entidad internacional sin fines de lucro con organizaciones integrantes y equipos ministeriales en ciudades de todo el mundo. Los **Elementos Olividados** son cinco factores esenciales que hemos descubierto, pero que a menudo no está en los jóvenes y líderes que quieren crecer, y hacerlo eficazmente. Sin estos elementos, es casi imposible encontrarse cara a cara con Jesús. Con ellos, es posible conocerlo, ver por qué vale la pena, y percibir el amor, el poder y la belleza que ocasionan que encontrarse con él concluya en lo más importante que jamás haga una persona.

Muchos de los miembros del equipo original del Niño y La Bola vieron sus propias y complicadas vidas transformadas por Jesús. Experimentaron su amor y su poder y cómo cambió todo cuando él entró en su mundo. Sin embargo, también fueron testigos de que las iglesias a las que asistían luchaban por alcanzar a sus propios jóvenes, y mucho más a los que estaban en barrios de difícil acceso en su ciudad. Los líderes fundadores de El Niño y La Bola consideraron esto como una crisis: Si los malos son más visibles y activos en nuestras comunidades que los buenos a la hora de alcanzar y desarrollar a nuestros jóvenes, nuestro futuro está en riesgo. Había que hacer algo. Por aquel entonces, uno de los miembros del equipo tenía un niño de tres años que llevaba una bola roja a todas partes que iba. El niño dormía con la bola, la llevaba a la iglesia y hasta insistía con su familia que se regresaran si la olvidaba cuando iban de vacaciones. Un día, la familia se dispuso a jugar baloncesto y el niño puso la bola a un lado de la cancha mientras jugaban. Cuando terminaron y estaban por regresar a casa para refrescarse y tomar un refresco, la bola se le cayó de las manos y rebotó por el suelo del salón hasta llegar a su papá.

Su papá pensó: "¿Podrá mi hijo atrapar esta bola si se la lanzo?" y procedió a devolvérsela de rebote. El niño la atrapó y la devolvió a su padre y empezó a jugar con la bola por primera vez. De pronto, se encendió una chispa en la cabeza del niño y pensó: "¡Tengo más de un año de cargar esta bola y nunca se me ocurrió que ella (o yo) pudiéramos hacer esto!". El nombre de El Niño y La Bola nació de esta historia, cuando nos dimos cuenta de que los jóvenes necesitan relaciones de desarrollo, positivas y cordiales con personas que puedan hablar a sus corazones y a sus vidas para enseñarles a ponerlas en manos de Dios, su Padre, y ver lo que Él les devuelve.

En más de veinte años, El Niño y La Bola ha crecido desde sus comienzos en San Antonio, Texas hasta llegar a Centroamérica, África, Oriente Medio y otras ciudades de Estados Unidos. En cada ciudad hemos encontrado retos similares: Los jóvenes son el secreto del futuro de una ciudad, pero a menudo los que llegan a ellos de forma más eficaz son quienes más les perjudican. Después de trabajar con jóvenes de todas las ciudades del mundo, hemos descubierto algo: los jóvenes tienen hambre de conocer a Jesús personalmente y de seguirlo en los sueños que Él ha puesto en lo más profundo de sus corazones. Para hacer esto, necesitan ser capacitados en los cinco **Elementos Olvidados** que se describen en este libro. Son "olvidados" porque se encuentran en todas Las Escrituras, pero, lamentablemente, rara vez se incluyen en nuestros enfoques para atraer a los jóvenes a la fe.

Hemos comprobado sin excepción que en todos los barrios marginados y de riesgo de todas las ciudades de todos los países en los que hemos trabajado en el mundo, los jóvenes no sólo se sienten atraídos por estos elementos, sino que también son transformados por los mismos. Además, los jóvenes a los que se les da la oportunidad de crecer en estos cinco elementos no sólo continúan en su fe durante el resto de sus vidas, sino que también se convierten en líderes que caminan con Jesús para "trastornar el mundo" en un barrio tras otro.

Usted pudiera ser alguien que encuentre desagradables las cosas religiosas, habiéndose alejado de las verdades de Dios debido a la manera en que la gente se las ha demostrado. Pudiera ser alguien que creció en una iglesia y esté familiarizado con estas palabras e ideas. Incluso puede haber experimentado algunos de estos **Elementos Olvidados** en su camino de fe. Independientemente de quién sea usted, creemos que eligió este libro porque está buscando algo que nosotros, los autores, también hemos buscado durante años.

Conocemos el intenso deseo de vivir una vida que

importe, pero seguimos con las mismas estrategias e ideas de siempre. Sabemos lo que es necesitar tener más de lo que estamos experimentando actualmente en nuestras vidas. Sabemos que a menudo logramos lo contrario de los objetivos que queremos alcanzar (cosas grandes, útiles, eficaces, esperanzadoras, que den vida). Por supuesto, sabemos que sólo Jesús renueva, transforma y sacia nuestros corazones, pero ¿cómo sucede eso?

Estos cinco **Elementos Olvidados** son herramientas que han cambiado nuestra vida mientras buscamos al Señor. Una y otra vez, hemos visto la eficacia y la naturaleza esencial de cada una de estas herramientas. Las hemos visto conducirnos a un estilo de vida que ha impactado a miles de personas. Lo que usted encontrará en las siguientes páginas tiene la intención de ayudarlo a usted también. Esperamos que le confirmen y fortalezcan en lo que ya ha experimentado. Que le animen a profundizar, y que le capaciten para volverse y ayudar a otros que estén a su alrededor a unirse a usted en este camino. Así que, empecemos.

Jamie Johnson
Atlanta, Georgia EE.UU
Junio de 2023

INTRODUCCIÓN

TRES HERRAMIENTAS INDISPENSABLES

Veinte años ayudando en el crecimiento de líderes en todo el mundo, nos han enseñado que se necesitan tres herramientas para hacer que los Cinco Elementos olvidados formen parte efectiva de su vida. Estas herramientas son fundamentales para su éxito (y con eso nos quedamos cortos).

En realidad, no hay forma de avanzar sin estas tres herramientas. Usted puede seguir leyendo, y eso pudiera ser todo. Las palabras de las páginas siguientes sólo cobrarán vida si usted se toma el tiempo y guarda este libro y se asegura de cumplir estas cosas. Usted las necesitará:

1. **Un entrenador.** Como Morfeo en la película La Matrix[2], o el Sr. Castor en el clásico libro infantil de C.S. Lewis El león, la bruja y el armario[3]; para llegar a su destino tendrá que encontrar a alguien que haya pasado por el mismo terreno para que le ayude a usted a hacer lo mismo. Tenga cuidado, no le servirá cualquiera. Hay muchas personas impresionantes que hablan de Dios y otras a las que les gustaría guiarle, pero la mayoría de estas personas no saben nada acerca de la jornada intensa que usted necesita y experimentará tan poderosamente.

    Recuerde que, si bien usted necesitará un entrenador, lo que en realidad se requiere no es un entrenador en sí, sino a Dios que tiene el poder hasta para hacer buen uso de un mal entrenador para ayudarle. Aun así, haga todo lo posible por encontrar a uno que le comparta las historias de su búsqueda, historias que le llenen el corazón de una esperanza dinámica mientras las escucha.

    Vale la pena señalar que pudiera ser que usted se encuentre con un entrenador que le ayude al principio, pero que luego languidezca cuando otra persona demuestre ser más útil para su crecimiento. Eso es maravilloso y sin duda forma parte del proceso para que estos Elementos olvidados se vuelvan más eficaces en su vida.

Su entrenador le invitará a entrar en la vida de él para que usted conozca y perciba cómo han crecido y cómo viven estos aspectos de conocer y seguir a Jesús. Irá con usted a las Escrituras para estudiar cómo lo hicieron los personajes de la Biblia. Esto le ayudará a identificar las medias verdades o las falsas ideas en su vida a las que usted se ha aferrado durante años, pero que están bloqueando su crecimiento. Luego también le ayudarán a medida que estas cosas le revelen donde ha sido herido para que pueda acudir a Jesús y pedirle sanidad. Finalmente, pueden acompañarle a poner estas cosas en práctica en la vida, el trabajo y el ministerio.

Busque un entrenador que viva los **Elementos Olvidados** de La Biblia, usando activamente las tres herramientas enumeradas aquí, en todo momento. Pídele a Dios que le guíe a un entrenador calificado que no sólo le hable de estas cosas, sino que camine, trabaje, y luche con usted hasta que su propia vida requiera que usted entrene a alguien más que busca lo mismo que usted.

2. **Un equipo**. Sin embargo, sólo tener un entrenador haría que el proceso se centrara demasiado en uno mismo. Por lo tanto, es vital ir más allá y formar parte de un equipo de personas que también busquen crecer, como usted, en estos cinco principios. Puede ser un grupo de amigos comprometidos o un grupo de jóvenes universitarios u hogareño que lo acompañe en la búsqueda de estas cosas. Su equipo debe estar tan comprometido a seguir a Jesús y la búsqueda de estos cinco principios como usted. Ellos harán que sea más fácil y más rápido para usted crecer en la medida en que su crecimiento y experiencias lo impulsen y provoquen, y viceversa.

El crecimiento solitario es la forma más lenta y menos fiable de hacerlo. Cuando se está solo en todo esto, es fácil que la fe se le escape gota por gota y se desperdicie. También es fácil dejarse seducir por pensamientos autocomplacientes, creyendo que uno ha logrado algo. Cuando se tiene un equipo, la búsqueda implacable y sincera de los que nos rodean desafiará continuamente nuestro propio ritmo. Este grupo le apoyará y se convertirá en testigo presencial de su jornada, recordándole los puntos altos y bajos, según sea necesario para que siga avanzando.

3. **Un campo de acción.** Por último, estas herramientas requieren un lugar o "campo de acción" donde cultivarlas y ejercerlas. Nadie aprende a tocar la flauta sin una flauta o a cultivar flores sin un jardín. Nadie aprende a dominar habilidades sin un lugar donde ponerlas en práctica. Esta búsqueda no es una clase de filosofía, sino una búsqueda para encontrar, conocer y amar a un Dios real que puede ser hallado, conocido y amado y que Él mismo está activamente involucrado. Es un Dios que está íntimamente involucrado en cada momento de su vida cotidiana, y es en el día a día, en la vida ordinaria, donde lo encontrará y, al hacerlo, encontrará los **Elementos Olvidados** que usted está buscando.

Usted tendrá que aprender a considerar toda su vida como su campo de juego, e incluso poder ver que los diferentes espacios en los que usted invierte su tiempo cambian a medida que usted crece y conoce más al Señor y aprende Su propósito para su vida. Reconocerá que las personas y los lugares que lo rodean tienen un propósito para Él. Aprenderá que Él quiere usarlo a usted. Y es sólo en estos lugares que usted obtendrá la práctica que necesita para desarrollar músculos de la fe requeridos para vivir una vida de consecuencias reales y sustanciales.

Usted puede (y debe) usar su escuela, lugar de trabajo, o su vecindario como un campo de acción para conectar con los corazones de las personas y guiarlos a Jesús. Ir juntos a un barrio herido también funciona bien. El Niño y La Bola diseñó el programa, "Ama tu ciudad" como un campo de acción para que los jóvenes líderes con los que trabajamos instituyan un espacio que incluya ir a barrios económicamente desfavorecidos para entablar relaciones con los residentes. Cuando salgan en equipos de dos o tres, trabajan para aprender a escuchar la voz de Dios y seguir su presencia. Aprenden a entrar y superar situaciones incómodas para dejarse guiar por el poder del Espíritu Santo y ver su ayuda milagrosa. A veces Dios les lleva a decir algo o a quedarse callados, a no entrar en una puerta o a dirigirse a una persona, y el resultado es una conexión sobrenatural que cambia tanto la vida de esa persona como la de uno mismo.

Dondequiera que esté su campo de acción, reconozca que es importante. Usted no podrá vivir una vida laboral anónima; no podrá ignorar a sus vecinos. Los lugares en los que el Señor lo ha llamado a vivir y trabajar son los lugares que Él quiere usar para enseñarle a impactar efectivamente la vida de otros.

Escuchar Su voz y Su dirección en cada campo de acción de la vida lo llevará a tiempos poderosos; esto es lo que significa vivir una vida de ministerio guiado por el Espíritu. Estos cinco principios crecen más dinámicamente a medida que usted se sumerge en ellos y, en la medida que los practica, verá que Dios le proporciona más y más indicios acerca de Su propósito para su vida.

Al principio pudiera ser difícil encontrar un entrenador, un equipo y un terreno de juego, o saber que se han encontrado los más adecuados. Si nunca ha oído hablar de estas cosas, ¿cómo va a encontrar a alguien que viva los **Elementos Olvidados** y lo entrene a usted también? Aunque tenga a personas cerca, ¿serán las adecuadas? ¿Querrán hacer equipo con usted en este viaje? Hay muchos lugares en los que se podría impactar a la gente. ¿Cómo saber que no está perdiendo el tiempo?

Está bien si se toma tiempo para encontrar el entrenador, el equipo y el terreno de juego adecuados. No pasa nada si el entrenador que usted tiene al principio no sea el mismo dentro de dos años o dentro de diez. Su equipo crecerá y cambiará, algunos decidirán que este proceso exige demasiado, otros que son los compañeros de equipo más inesperados se convertirán en los que usted más dependerá. Puede ocurrir que usted tenga que cambiar de trabajo, de residencia o incluso de ciudad para obedecer Su voz y cumplir Su propósito. La naturaleza de los Elementos Olvidados es que le llevarán a una relación profunda con Dios, Quien cambiará su vida entera. Pero no deje que eso le asuste. Podemos decir con toda confianza que valdrá la pena.

A medida que su búsqueda de los **Elementos Olvidados** se intensifique, también lo hará su relación con estas herramientas. No podrá escuchar y obedecer Su voz, vivir en intimidad con Él, vivir por fe incluso cuando hay dolor, encontrar y cumplir Su propósito para su vida, o vivir en el poder del Espíritu Santo sin un entrenador, un equipo y un campo de acción. Esté abierto a la realidad de que el Señor provee todo lo que usted necesita, pero que no lo hace según lo que usted espera. Pídele un entrenador que tenga ojos para verlo y fe para creer en usted. Pídele que le guíe hacia otras personas que quieran crecer con usted. Pídele que le indique dónde quiere Él que usted entregue su vida. Pídele y Él le responderá. Asegúrese de que usted está escuchando. Ahora que conoce las herramientas que necesitará, usted está listo para comenzar a aprender acerca de los cinco Elementos Olvidados. Estos principios fueron usados por Jesús en su ministerio de alto impacto, milagroso, de tres años, y desde entonces han sido olvidados por muchos que dicen seguirlo. Este desconecte ha llevado a muchos a abandonar la iglesia, a una incapacidad para alcanzar a la próxima generación, y a una completa separación de los cristianos del poder milagroso de Dios, entre otras cosas.

El regreso de los **Elementos Olvidados** en su vida le conducirá a una aventura épica, en la intimidad con Él, así como en el propósito, la ayuda y la salud. Lo cambiarán a usted, a su familia, a su iglesia, a su lugar de trabajo, a sus amistades, a su vecindario y, creemos también, que puede y lo hará, a todo el mundo.

El primer Elemento Olvidado

APRENDER A OÍR Y OBEDECER LA VOZ DE DIOS

"Mis ovejas oyen mi voz; yo las conozco y ellas me siguen."
(Juan 10:27)

CAPÍTULO UNO

SAMUEL: UNO QUE OYÓ

A lo largo de la Biblia, todos los grandes oyeron la voz de Dios. Hablaron con Él, y Él respondió. A veces incluso Él inició la conversación. Y todo el que se apoderó de Sus propósitos y planes lo hizo porque escuchó Su voz.

Abraham le oyó hablar gradualmente sobre Su propósito. Moisés le oyó hablar en nombre de su pueblo. Jesús sólo decía lo que oía decir al Padre. La vida de Pablo fue interrumpida y transformada para siempre por el estruendo de Su voz. Todos estos ejemplos demuestran que Dios habla constantemente, habla fielmente, y habla a todos nosotros.

Por supuesto, toma tiempo, incluso la obra milagrosa del Espíritu Santo, aprender a escucharlo, discernir su voz de las demás y obedecer. Pero eso forma parte de la tarea de seguir al Señor. Vemos como esto le sucedió a uno de los jóvenes héroes de la Biblia: Samuel, que oyó la voz de Dios cuando aún no Lo conocía (véase 1 Samuel 3:7).

Cuando era niño lo mandaron a vivir a una iglesia. Rodeado de pastores profanos y perversos, y de sus hijos. Lejos de su madre, y viviendo en un tiempo en el que, según 1 Samuel 3:1, *"no era común oír palabra del Señor"*. El joven Samuel vivía en un lugar donde el amor escaseaba y el cambio parecía lejano. Sin embargo, la solitaria circunstancia de Samuel cambió radicalmente porque una noche, mientras se acostaba para dormir, oyó la voz de Dios.

Sin haberla oído antes y viviendo en medio de un pueblo que no estaba acostumbrado a oír a Dios hablar, Samuel supuso, comprensiblemente, que la voz que oía era la del sacerdote Elí. Así que hizo lo que hace cualquiera cuando alguien le llama; él respondió.

"Aquí estoy", dijo Samuel, pero Elí no dijo nada.

Así que Samuel se acercó al lugar donde Elí dormía. "Aquí estoy", dijo el muchacho, "¿me llamó usted?"

Elí, se molestó un poco por ser la media noche y no sabía de qué estaba hablando Samuel. "Yo no te llamé, niño. Vuelve a acostarte".

La voz que oyó el joven era audible, clara y lo bastante fuerte como para hacerle volver de nuevo a Elí, habiendo sido ya reprendido una vez, pero convencido de que debía ser el sacerdote quien lo había llamado.

Elí probablemente no estaba de buen humor, aún más molesto que antes, negando haber llamado a Samuel por segunda vez, rechazándolo una vez más. Las palabras "vuelve a acostarte" tuvieron que estar resonando en los oídos de Samuel mientras regresaba a su cama una vez más.

Las Escrituras no dicen qué pasaba por la cabeza y el corazón de Samuel aquella noche. ¿Estaría quebrantado y desesperado? ¿Estaba su corazón clamando a Dios? La historia sí nos dice que Samuel *"todavía no conocía al Señor ni su palabra se le había revelado"* (1 Samuel 3:7). A partir de esto, se nos abre una ventana a un momento que cambió la vida y la trayectoria, no sólo de Samuel, sino a través de él de toda una generación. Por alguna razón, Samuel fue elegido por Dios en este momento preciso para aprender a oír, reconocer y responder a la voz de Dios. Retrocediendo unas páginas en nuestra Biblia, vemos cómo Dios preparó de forma única a Samuel para este momento.

En un tiempo falto de fe, en un pueblo desconectado de Dios, Samuel comprendió mejor que la mayoría el poder de clamar a Dios. Su propia existencia fue el resultado del apasionado corazón de su madre, Ana, que clamó a Dios pidiendo un hijo (véase 1 Samuel 1:9-11). Ana prometió que, si Dios le daba un hijo, ella se lo devolvería. Así que cuando Samuel nació, ella se lo llevó a Elí para cumplir la promesa que ella había hecho.

Finalmente, el sacerdote se percató de lo que estaba pasando: *Elí se dio cuenta de que el Señor estaba llamando al muchacho. Entonces Elí dijo a Samuel: "Ve y acuéstate—dijo Elí—. Si alguien vuelve a llamarte, dile: `Habla, Señor, que tu siervo escucha´". "Así que Samuel se fue y se acostó en su cama"* (1 Samuel 3:9).

Samuel llegó a ser un profeta y juez justo sobre Israel. Sirvió a Saúl y a David cuando fueron reyes. Era un hombre que conocía a Dios y a quien Dios usó una y otra vez. Y todo comenzó escuchando la voz de Dios.

Mucha gente habla de Dios e incluso edifica su vida en torno a una religión: la idea de que Dios existe y la noción general de que, como Él vive, se supone que los religiosos deben hacer cosas buenas. Sin embargo, una y otra vez, la búsqueda de una aplicación de fe general fracasa, y la cuestión se reduce a si realmente llegan a "conocer" a Dios o no. Sencillamente, no hay forma de conocer a nadie sin poder comunicarse con él.

Para muchos, la idea de que Dios habla es revolucionaria, para otros peligrosa y herética. Pero si le es posible, piense en lo que eso significa: Usted puede conversar con el Dios del universo: oírlo y usted hablar con Él también. Tendría línea directa con el Dios que todo lo sabe.

Para Samuel, éste fue sin duda un tiempo de cambios. Oyó de Dios en un tiempo cuando la voz del Señor era escasa y pasó de ahí a ser un portavoz de Dios, que compartía su palabra y demostraba obediencia a su voz hasta que murió.

Aprender a oír y obedecer la voz de Dios no son piezas mágicas o difíciles. Él siempre está hablando. Quiere hablar con usted. Quiere que conozca Su voluntad y espera que la cumpla. Todos los grandes hombres y mujeres de la Biblia confiaron en oírle y se guiaron por lo que Él decía. Lo que requiere de nosotros es reconocer primero que Él realmente habla, y luego pedirle que nos ayude a oír.

Una vez que empezamos a oír la voz de Dios y fortalecemos la fe para responder u obedecer, damos un paso al frente en fe, confiando que responder a su voz nos traerá buenos resultados y nos llevará a lugares a los que no llegaríamos escuchándonos a nosotros mismos. Dios nos dice que hagamos algo o que no lo hagamos y, al hacerlo, nos da la oportunidad de crecer y profundizar en nuestra relación juntos. Aprendemos que podemos confiar en Él. Podemos empezar con pequeños pasos de fe, como elegir entablar una amistad con alguien que sabemos que está más avanzado en el conocimiento de Él para que pueda ayudarnos a crecer. Con el tiempo, podemos dar un paso más atrevido: intentar algo que podría ser vergonzoso si no hemos oído bien.

Enviado cuando era niño a vivir en una iglesia, rodeado de pastores y sus hijos igualmente malcriados y corruptos, lejos de su madre, y viviendo en una época, en la que, según 1 Samuel 3:1, *"los mensajes del Señor eran muy escasos y las visiones eran poco comunes".* El joven Samuel vivía en un lugar donde el amor escaseaba y el cambio parecía muy lejano.

Sin embargo, la condición solitaria de Samuel cambió radicalmente, porque una noche, mientras se acostaba para dormir, oyó la voz de Dios.

Sin haberla oído nunca antes y viviendo en medio de un pueblo que no estaba acostumbrado a oír hablar a Dios, Samuel supuso, comprensiblemente, que la voz que oía era la del sacerdote Elí. Así que hizo lo que cualquiera hace cuando alguien le llama: le devolvió la llamada.

"Aquí estoy", dijo Samuel, pero Elí no le respondió.

Así que Samuel fue al lugar donde Elí dormía habitualmente. "Aquí estoy", dijo el muchacho, "usted me llamó".

Elí, molesto por ser la media noche, no sabía de qué estaba hablando Samuel. "No fui yo, muchacho. Vuélvete a dormir".

Acomodándose de nuevo en su lecho, envuelto de nuevo en la quietud de la noche, Dios habló una vez más.

La voz que oyó el joven era audible, clara y lo suficientemente fuerte como para hacerle regresar de nuevo a Elí, habiendo sido ya reprendido una vez, pero convencido de que debía de ser el sacerdote quien le había llamado.

Probablemente Elí, se mostrará tosco, aún más molesto que antes, al negar haber llamado a Samuel por segunda vez, rechazándolo una vez más. Las palabras "vuélvete a dormir" tuvieron que estar zumbando en los oídos de Samuel mientras volvía a su cama una vez más.

Las Escrituras no nos dicen qué pasaba por la cabeza y el corazón de Samuel aquella noche. ¿Estaba en un lugar de quebranto y desesperación? ¿Clamaba su corazón a Dios? La historia dice que *"Samuel todavía no conocía al Señor, porque nunca antes había recibido un mensaje de él."* (1 Samuel 3:7). A partir de entonces, se nos ofrece una ventana a un momento que cambió la vida y el rumbo, no sólo de Samuel, sino de toda una generación por medio de él. Por alguna razón, Samuel fue elegido por Dios en ese preciso momento para aprender a oír y reconocer y responder a la voz de Dios. Retrocediendo unas páginas en nuestra Biblia, vemos cómo Dios preparó a Samuel para ese momento.

En una época de incredulidad cuando la gente estaba desconectada de Dios, Samuel comprendió mejor que la mayoría el poder de clamar a Dios. Su propia existencia fue el resultado del apasionado corazón de su madre, Ana, que clamó a Dios pidiéndole un hijo (véase 1 Samuel 1:9-11). Ana juró que, si Dios le daba un hijo, ella se lo devolvería. Y, cuando nació Samuel, se lo llevó a Elí para cumplir la promesa que había le hecho a Dios.

Como ningún otro muchacho Samuel comprendió el poder de conversar con Yahvé. Toda su vida fue resultado de lo que había sucedido.

Y así, cuando la voz vino por tercera vez, algo germinó en Samuel. En lugar de tener miedo de molestar al sacerdote una vez más, se acercó con valentía para responder a lo que había oído.

Finalmente, Elí se dio cuenta de que el Señor llamaba al muchacho y le dijo: *"Ve y acuéstate—dijo Elí—. Si alguien vuelve a llamarte, dile: "Habla, Señor, que tu siervo escucha". Así que Samuel se fue y se acostó en su cama* (1 Samuel 3:9).

Samuel llegó a ser un profeta y un juez justo sobre Israel. Sirvió a Saúl y a David en sus reinados. Era un hombre que conocía a Dios y a quien Dios usó múltiples ocasiones. Y todo comenzó escuchando la voz de Dios.

Muchas personas hablan de Dios e incluso cimientan sus vidas en torno a una religión: la idea de que Dios existe y la noción general de que, como Él vive, se supone que uno debe hacer cosas buenas. Sin embargo, los intentos de practicar una fe no específica, invariablemente fracasan, y la razón se reduce a si realmente conocen o no a Dios. No hay forma de conocer a alguien sin poder comunicarse con él.

Para muchos, esta idea de que Dios hable es revolucionaria, para otros peligrosa y herética. Pero de ser posible, piense en lo que eso significa: Podríamos conversar con el Dios del universo, oírle y compartir con Él. Tendríamos línea directa con el Dios que todo lo sabe.

Para Samuel, éste fue sin duda un momento crucial. Escuchó a Dios en un tiempo cuando la voz del Señor era poco frecuente y, a partir de ahí, se convirtió en portavoz de Dios, compartiendo Su palabra y demostrando obediencia a Su voz hasta que murió.

Aprender a escuchar y obedecer la voz de Dios no es algo mágico ni difícil. Él siempre está hablando y quiere hablar con usted. Quiere que usted conozca Su voluntad y espera que la haga. Todos los grandes hombres y mujeres de la Biblia depositaron su confianza en Él para escucharlo y dejarse guiar por Su palabra. Lo que se requiere de nosotros es reconocer primero que Él en efecto habla, y luego pedirle que nos ayude a escuchar.

Una vez que empezamos a oír la voz de Dios y crecemos en fe para responder u obedecer, damos pasos de fe, porque sabemos que la obediencia a Su voz dará buenos resultados y nos llevará a donde no llegaríamos escuchándonos a nosotros mismos. Nuestra obediencia a la voluntad de Dios da la oportunidad de crecer y de profundizar en nuestra relación con Él. Aprendemos que podemos confiar en Él. Podemos empezar con pequeños pasos de fe, como entablar una amistad con alguien que sabemos que es más maduro en su conocimiento de Dios para que nos ayude a crecer. Con el tiempo, podemos dar un paso más grande: como intentar algo que puede resultar vergonzoso si hemos escuchado mal

El escritor de Hebreos describe el amor de Dios por esta forma de cultivar la fe y las relaciones con nosotros diciendo: *"De hecho, sin fe es imposible agradar a Dios. Todo el que desee acercarse a Dios debe creer que él existe y que él recompensa a los que lo buscan con sinceridad."* (Hebreos 11:6). Con cada paso de fe, aprendemos a oír su voz con más claridad, hasta poder confirmar que lo que hemos oído viene realmente de Él, y también aprendemos que su palabra y sus promesas son verdaderas y que podemos contar con ellas.

A medida que oímos su voz y respondemos, y compartimos nuestros pensamientos y nuestro corazón con Él, empezamos a aprender quién es Dios. La mayoría de las veces no será lo que esperábamos. En el libro de Isaías, Dios explica esto: *"Porque mis pensamientos no son los de ustedes ni sus caminos son los míos, afirma el Señor. Mis caminos y mis pensamientos son más altos que los de ustedes;* ¡más altos que los cielos sobre la tierra! (Isaías 55:8-9).

Su palabra, lo que a Él le importa y la forma en que hace las cosas son, por un lado, bastante normales y fáciles de comprender. A veces nos encontramos con elementos de Quién es Él que nos dejan con la mandíbula por el suelo, asombrados por Su amor, poder y sabiduría.

Poco a poco, Sus palabras empiezan a definir nuestra vida y nuestra forma de ver las cosas empieza a reflejar Quién es Él. Cada vez nos parecemos más a Él, mientras Él escucha y responde a nuestras palabras y oraciones. Él es eficaz en la edificación y profundización de las relaciones, mejor que cualquier amigo que hayamos encontrado en nuestras vidas. Cada promesa y experiencia consecuente ahonda nuestra fe, expande nuestra relación con Él y transforma nuestras vidas. Y entonces Su poder y Su interminable compasión fluyen de nuestros corazones hacia fuera, dándonos el poder de tocar la vida de otros.

Aprender a oír y obedecer la voz de Dios es una práctica olvidada, aunque la veamos una y otra vez en la Biblia. Está olvidada porque es difícil y lleva tiempo afinar nuestros corazones para escuchar. Requiere que le restemos importancia a nuestra propia voz, que sepamos rechazar la voz del enemigo, y que atesoremos y actuemos ante cualquier cosa, por pequeña que nos parezca, que oigamos de Dios. Puede ser difícil al principio, pero se hace más fácil con la experiencia.

Es como cuando nos relacionamos con un amigo; de Jesús aprendemos lo que Él nos dice y lo que no es de Él, y nuestra fe crecerá para abrazar que tendremos Su ayuda para obedecer cada vez que demos un paso. En los siguientes capítulos, usted leerá historias de la vida real y los "porqués" y los "como" prácticos para aprender a escuchar y obedecer la voz de Dios. La mejor manera de empezar es creer que Él está hablando continuamente, que quiere hablar directamente con usted, y que lo que Él diga le ayudará y cambiará su vida para siempre. ¿Me escucha usted?

CAPÍTULO 2

UN VISTAZO A APRENDER A OÍR Y OBEDECER LA VOZ DE DIOS

Todavía recuerdo las palabras del pastor mientras nos dirigíamos a un lava-carros: "Estaba hablando en una universidad a un grupo al aire libre en el Campus y oí que Dios me decía: "Alguien en el público tiene dolor de cabeza." Así que detuve mi charla y pregunté: 'Oigan, ¿alguien aquí tiene dolor de cabeza? Si es así, quiero orar por usted, y creo que Dios quiere sanarlo'". Nadie le respondió. Entonces, Dios volvió a hablar. Preguntó a la multitud por segunda vez, pero de nuevo, nada.

Poco después, una joven se le acercó llorando. Le dolía la cabeza. Oraron y Dios sanó no sólo su cabeza, sino también su corazón. Ella aprendió ese día cuánta atención estaba prestando Dios a su vida, cuán poderoso es Él, y hasta qué punto Él llegaría para ayudarla. Esta pequeña pero sobrenatural historia me sacudió como una ola. Durante toda mi vida, mi propio padre, alcohólico, había estado fuera de mi alcance, escondido detrás de la puerta de su habitación o de una copa. Sin embargo, allí estaba yo, aprendiendo que el *Padre más perfecto del mundo habla a sus hijos.*

El impacto que esta historia tuvo en mí aquella tarde cobra más sentido cuando sabemos que yo era un ateo de 16 años que, solo dos semanas antes, odiaba la idea misma de Dios. Catorce días antes, con lágrimas en los ojos, un cuchillo en la mano y mi vida en ruinas, hice lo que habría sido inconcebible para mí en cualquier otro momento: Oré. En vez de acabar con mi vida aquella noche, me dormí.

Al día siguiente, la presencia de Dios llenó sobremanera el aula donde hacia un examen final de álgebra II/trigonometría, y por primera vez experimenté amor, paz y alegría. Salí del examen sabiendo que Dios era real, pero sin saber quién era ni qué significaba. Milagrosamente, días después, mientras conducía con un pastor que acababa de conocer, descubrí que el Dios que ahora conocía quería hablarme.

Me encantaría decir que le oí aquel primer día, pero no fue así. De hecho, no le oí directamente durante dos años. Comencé a escucharlo a través de la Biblia que el pastor me había dado, a través de los mensajes que él predicaba cada domingo, y a través de personas que compartían conmigo palabras que sentían que Dios me estaba diciendo. Durante horas cada semana, me encerraba en mi habitación para pedirle que me enseñara a escucharle. Aunque pasó mucho tiempo antes de que Él finalmente me hablara directamente, podía sentir muy claramente que me estaba acercando cada vez más.

Meses más tarde, empecé a oírle a través de pegatinas en los parachoques y letra de canciones, vallas publicitarias e incluso escenas de películas. El hecho de que esta búsqueda me llevara dos años me obligó a asegurarme de que había hecho todo lo posible para que sucediera. Me reunía semanalmente con el pastor para aprender y crecer y para que me diera pistas de cómo escuchar, a la vez que compartía conmigo lo que Dios le decía. Encontré mi lugar en un robusto grupo de hogar y de jóvenes donde pude aprender de otros que intentaban hacer lo mismo.

Hice todo lo que pude para crecer. Cada día podía sentir que Dios estaba recalibrando mi corazón, ajustando Su frecuencia para escuchar una voz que hablaba pero que yo no reconocía. Y entonces Él habló a mi corazón de la misma manera que mis propios pensamientos podían hablar dentro de mi cabeza. Algo sucedía en mi corazón con cada palabra. Sentí Su presencia y supe que esas palabras no eran mías.

CAPÍTULO 3

¿POR QUÉ OÍR Y RESPONDER A LA VOZ DE DIOS?

Así que Dios habla. Pero, ¿qué importancia tiene? ¿Qué significa para usted que Él tenga algo que decir? Bueno, Él es el Creador del universo. Es nuestro Padre bueno. Él nos conoce desde antes del comienzo de los tiempos, y estableció nuestro propósito desde la fundación del universo. Él le ama, tanto que envió a su Hijo perfecto a sufrir y morir por causa de las decisiones que usted tomó de alejarse de Él y vivir una vida inferior a la que le correspondía. Él sabe lo que pasará mañana y dentro de diez años. Él sabe con quién se casará, las preocupaciones de su corazón, y la única cosa en el mundo para la que fue hecho.

En pocas palabras, la Suya es la única voz que definitivamente usted querrá escuchar. No hay palabras más importantes que las que Él tiene que decir, y obedecer lo que Él dice, incluso cuando es difícil o no entienda por qué, sanará cada herida en su corazón y lo llevará a una vida de aventuras y de alto impacto, mejor, más plena y más efectiva que cualquier ocurrencia que usted pueda imaginar.

Las siguientes son seis razones muy reales y muy prácticas por las que es necesario aprender a oír y responder a la voz de Dios.

1. La dirección que se recibe está conectada a una sabiduría más profunda.

Cada situación a la que uno se enfrenta tiene variables, unas que se ven y otras que no. Uno ve una pequeña parte del panorama general, pero tiene poco o ningún control sobre la amplia gama de factores que intervienen en cada momento de la vida. Esto es algo que vemos continuamente en el mundo que nos rodea: Un conductor prudente y atento respeta todas las reglas de circulación, pero acaba siendo atropellado por una persona distraída que se salta un semáforo en rojo. Un atleta de alto rendimiento se desarrolla hasta el punto de que nada puede detenerle, sólo para sufrir una lesión importante en un entrenamiento. Alguien tiene tiempo de estudiar el 80% del temario del curso sólo para descubrir que el examen se centra en el 20% que omitió.

Pero incluso al margen de las amenazas perdidas, la dificultad de ver todas las oportunidades para el bien es mucho más abrumadora y difícil de lograr. En cada segundo de cada día, nos enfrentamos a un número infinito de posibilidades en las que podrían ocurrir cosas asombrosas. Se puede decir una palabra que abra el corazón de una persona; se puede ayudar a una persona que está sufriendo; se puede descubrir, edificar o lograr algo que cambie nuestras vidas, la vida de otra persona o incluso el mundo. Pero, ¿cómo se ven estas cosas? ¿Cómo se sabe cuándo se tienen por delante? ¿Cómo saber qué hacer?

Dios usa cada parte de su vida para despertarlo y atraerlo a Él, y está presente en todas partes, consciente de todas las cosas. Más allá de eso, Él es soberano o, dicho de otra manera, *hace que todas las cosas ayuden para bien* (véase Romanos 8:28). Cuando usted aprende a escuchar la voz de Dios, Él puede sacarlo de sus limitaciones significativas, dándole dirección para navegar cada momento de la vida, incluso los más desafiantes. Sin Su voz en su vida, Jesús lo compara con una oveja sin pastor, confundida y desamparada (Ver Mateo 9:36). Con Su voz, usted recibe palabras que le dicen lo que necesita saber y luz que le revela lo que necesita ver para que, en todos los aspectos, usted se ocupe de lo que debe ocuparse. Jesús, como Buen Pastor, lo conduce a todo lo que necesita, lo protege de todo lo malo y le ayuda a realizar los deseos profundos de su corazón.

2. Su voz le da acceso a su consuelo y amor.

La vida de la mayoría de las personas gira en torno a la búsqueda de consuelo, comodidad o paz en medio de tormentas de angustia, malestar y problemas. Percibimos que nos falta algo, así que comemos, bebemos, vemos, tocamos, nos preocupamos y compramos lo que sea para sentirnos mejor. Cuando todo eso no funciona, buscamos más de lo mismo o algo distinto. La vida de una persona normal no transcurre relacionándose con los demás, sino auto-medicándose.

El dolor en su alma es en realidad el deseo de Su voz. Dios le creó hablándole que existiera. El Padre tomó del polvo de la tierra, sopló en él o le habló, y cobró vida. Su aliento o Su voz es la fuerza que lo anima. Además, no nos hizo para vivir sólo de pan, sino (de todo lo que sale) de toda palabra que sale de la boca de Dios (ver Deuteronomio 8:3 y Mateo 4:4).

3. Usted se reconecta a la forma de vida para la que fue hecho.

En el Génesis, aprendemos que cuando el enemigo viene a intentar matarnos y destruirnos, ataca muy astutamente la fuente de nuestra vida: ataca nuestra capacidad de oír y obedecer la voz de Dios. "¿Conque Dios les dijo...? Satanás preguntó esto una y otra vez hasta que Adán y Eva se desorientaron lo suficiente como para hacer algo que nunca antes habían hecho; ignoraron las palabras que Dios les dirigió (ver Génesis 3). La muerte espiritual que ellos sufrieron continúa en cada persona que conocemos hasta que Dios se acerca a estos hombres espiritualmente ciegos y sordos (como usted y yo) para que abran el corazón a Él. Cuando respondemos a Su búsqueda, aunque sea débilmente, Su Palabra entra en nuestro corazón de nuevo, como lo hizo en el Jardín. Nacemos de nuevo, y todo cambia.

Recuperarse de esta muerte es un proceso. En medio de

la muerte espiritual que crea ese profundo dolor interno, usted ha aprendido a buscar consolación, substitutivos para aliviar el dolor. Incluso ahora que está espiritualmente vivo debe aprender a renunciar a los viejos hábitos mientras aprende a disfrutar de Él, a escuchar Su voz y a permitir que le reconstruya, le renueve y le haga completo de nuevo.

Su voz llega en medio de las peores tormentas y las calma. Su voz llega a los problemas más oscuros y da luz para seguirle a un lugar mejor. Su voz le dice quién es usted y quién es Él, y le enseña cómo relacionarse con Él y con los demás. Su voz le dice una y otra vez que le ama, que ya no debe tener miedo. Su voz le dice que ha sido perdonado, aceptado, que está en paz con Él, y le promete cosas muy concretas para su futuro. Estas promesas proporcionan esperanza y un camino hacia adelante que incluye crecer más cerca de Él y de Su amor.

4. Usted recibe la sabiduría del Señor para enfrentar las circunstancias de su vida

Reconocemos la sabiduría cuando la vemos. Una persona mayor y amable parece moverse a un ritmo diferente al del mundo que la rodea. De alguna manera, existen al margen de las preocupaciones de este mundo. Es como si tuvieran algo que no se puede dar ni quitar. Es como si supieran algo que trasciende el momento: expertos en su campo, veteranos de guerra, astronautas, incluso jóvenes con un talento único parecen ver cosas en su área de competencia que otros no pueden. Y luego están los líderes. Los verdaderos líderes son conscientes de cómo afrontar cualquier situación de forma que les lleve hacia delante.

Jesús demuestra esto en un nivel diferente. Él conoce los pensamientos de la gente. Lee sus corazones y conoce sus motivos de manera que sus vidas puedan cambiar. Responde a las trampas que le tienden como quien camina por un campo minado con el plano del campo en la mano. Sabe exactamente qué decir, qué no decir, adónde ir y cuándo alejarse. Todas estas cosas nos dejan atónitos y nos atraen para que nos acerquemos a Él. Sin embargo, hay algo más profundo en Jesús. Él no sólo interactúa con profunda percepción, sino que tiene acceso a la sabiduría y a la comprensión de una manera que no sólo crea un momento; sino que resuelve problemas existenciales para cada uno de nosotros.

Cuando aprendemos a escuchar la voz de Dios, iniciamos una conversación permanente con Aquél que no sólo tiene sabiduría, sino que es Sabiduría. Este no es el tipo de cosas que uno descarga y capta en un momento dado. Cuando uno confía en Su voz, Él nos lleva a hacer cosas que nadie haría jamás, aunque sean por razones aparentemente buenas. Un paso tras otro, Jesús nos lleva por caminos que nunca debieran funcionar, nos mete en algunos problemas y deja a todos a nuestro alrededor, incluyéndolo a usted, preguntándose si en realidad escuchó Su voz.

Y entonces funcionan. Y no sólo de la forma en que usted lo percibió al principio, sino que usted comienza a ver que Él lo está guiando a participar en Sus propósitos eternos. Usted está siendo insertado en Su misión de poner todas las cosas bajo Sus pies (ver 1 Corintios 15:27), de hacer que todo salga bien (ver Isaías 42:1), de ayudar a cada persona necesitada a encontrar su camino a casa, a Él (ver Marcos 2:17).

Para aquellos de nosotros a quienes Jesús está despertando y atrayendo a Él, el poder está bastante abajo en la lista de lo que buscamos. Después de todo, somos los que no hemos encontrado tracción en un mundo que no nos satisface ni nos ayuda. ¿De qué nos serviría el poder?

Sin embargo, lo que nos atrae a Dios es la sensación de que las cosas pueden cambiar y cambiarán si nos acercamos a Él. Vivimos en un mundo de muchas palabras y mensajes, de nuevos artilugios y artefactos, pero nada cambia. Salvo por raras excepciones, los pobres siguen siendo pobres. Los ricos siguen consumiéndose por lo que tienen. Los matrimonios no duran. Las personas de familias destrozadas crían hijos destrozados. Frente a todo, esto, es fácil sentirse impotente.

Este Jesús que nos quiere hablar, es poderoso y cuanto más aprendemos a ponerle atención, a seguirle y a permanecer cerca de Él, más y más nuestra vida entrará en contacto con su poder. Estamos invitados a un asiento en primera fila para experimentar quién es Dios y lo que hace. Este Dios que se relaciona, que ama, que crea, es un Padre que ama tanto a las personas en el mundo que envió a su único Hijo para rescatarnos (ver Juan 3:16). Este Hijo, Jesús, vive de una manera que nos muestra todo lo que perdimos cuando nos alejamos de Su voz hace tantos años en el Huerto. Aprendemos lo que es oír la voz del Padre por la forma en que Jesús vive en respuesta a esa voz y eso introduce un poder milagroso en nuestra vida. Sin embargo, lo que más nos atrae a Dios es la sensación de que las cosas pueden cambiar y cambiarán si nos acercamos a Él. Vivimos en un mundo de muchas palabras y mensajes, de nuevos artilugios y artefactos, pero nada cambia. Salvo por raras excepciones, los pobres siguen siendo pobres. Los ricos suelen afligirse y angustiarse con poco motivo por lo que tienen. Los matrimonios no duran. Las personas de familias destrozadas crían hijos destrozados.

Aprendemos lo que es oír la voz del Padre por la forma en que Jesús vive en respuesta a esa voz y eso introduce un poder milagroso en su vida.

5. Usted inicia una relación con Jesús.

El mayor regalo de todo esto es que obtenemos una relación con el Dios que nos ha estado aproximando a Él. Obtenemos la vida como debe ser: Su vida fluyendo en y a través de nosotros para afectar las vidas de otras personas.

Cuando aprendemos a escuchar la voz de Dios, llegamos a conocerlo más y más profundamente. Con cada una de Sus palabras, comenzamos a ver más claramente que Sus dichos son verdaderos y dignos de confianza. Aprendemos que lo que dice y hace es muy diferente al mundo que nos rodea. Aprendemos que con frecuencia Él dice cosas o hace promesas que van directamente en contra de las circunstancias a las que nos enfrentamos y de lo que vemos, sentimos o escuchamos de los demás. Sin embargo, también aprendemos que lo que Él dice funciona, mientras que otras filosofías, procedimientos o tendencias son temporales y no se puede contar con ellas. Aprendemos a confiar en Su voz.

Al hacer todo esto, nuestras vidas empiezan a llenarse del género de historias milagrosas de las que estuvo llena Su vida. Nos encontramos repetidamente en el lugar adecuado en el momento adecuado para ayudar a los demás, no con nada que podamos hacer nosotros, sino con Su poder, amor y sabiduría dirigiéndonos. Comenzamos a recibir Su promesa de que haremos cosas aún mayores (ver Juan 14:12) de las que Él hizo en Su ministerio de tres años. Y nos convertimos en Sus amigos (ver Juan 15:15).

Cuando no escucha Su voz, se pierde toda una parte de su relación con Él. Escuchar y obedecer Su voz le hace relacionarse con Él de forma interactiva. Le permite saber lo que debe hacer, cómo debe responder y cómo puede influir mejor en la vida de los demás en tiempo real. Escucharle lo guarda de perder el tiempo o de intervenir en una lucha a la que no está llamado. Su voz es la única voz buena y sabia, y usted descubrirá una lista interminable de las razones por las que necesita escucharla.

Sin embargo, lo que nos atrae de Dios es la sensación de que las cosas pueden cambiar y cambiarán si nos acercamos a Él. Vivimos en un mundo de muchas palabras y mensajes, de nuevos trucos y artilugios, pero nada cambia. Salvo raras excepciones, los pobres siguen siendo pobres. Los ricos siguen consumiéndose por lo que tienen. Los matrimonios no duran. Las personas desintegradas de familias desintegradas crían hijos desintegrados. Ante esta situación, es fácil sentirse impotente.

Este Jesús que quiere hablarnos, es poderoso y cuanto más aprendamos a escucharle, a seguirle y a permanecer cerca de Él, más y mejor entraremos en contacto con su poder. Estamos invitados a un asiento en primera fila para experimentar quién es Dios y lo que hace. Este Dios que se relaciona, que ama, que crea, es un Padre que ama tanto a las personas que envió a su Hijo único para rescatarnos (ver Juan 3:16). Este Jesús que quiere hablarnos es poderoso y cuanto más aprendamos a escucharle, a seguirle y a estar cerca de Él, más y mejor entraremos en contacto con su poder. Estás invitado a un asiento en primera fila para experimentar quién es Dios y lo que hace. Este Dios que se relaciona, que ama, que crea, es un Padre que ama tanto a las personas que envía a su Hijo único para rescatarnos (ver Juan 3:16). Este Hijo, Jesús, vive de una manera que nos muestra todo lo que hemos perdido al alejarnos de Su voz hace tantos años en el Huerto. Aprendemos lo que es escuchar la voz del Padre por la forma en que Jesús vive en respuesta a esa voz y eso introduce un poder milagroso en tu vida.

6. Obtenemos una relación con Jesús.

El regalo más grande en todo esto es que obtenemos una relación con el Dios que nos ha estado atrayendo hacia Él. Obtenemos la vida como debe ser: Su vida fluyendo en y a través de nosotros para afectar las vidas de otras personas.

Aprendiendo a escuchar la voz de Dios, llegamos a conocerle más y más profundamente. Con cada palabra que Él dice, comenzamos a ver más claramente que Sus palabras son verdaderas y dignas de confianza. Aprendemos que Él dice y hace las cosas de manera muy diferente al mundo que nos rodea. Aprendemos que a menudo Él dice cosas o hace promesas que van directamente en contra de las circunstancias a las que nos enfrentamos y de lo que vemos, sentimos o escuchamos de los demás. Sin embargo, también aprendemos que lo que Él dice funciona, mientras que cualquier otra filosofía, mejor práctica o tendencia es temporal y no se puede contar con ella. Aprendemos a confiar en Su voz.

Al hacer todo esto, nuestras vidas empiezan a llenarse del tipo de historias milagrosas de las que estuvo llena Su vida. Nos encontramos repetidamente en el lugar adecuado en el momento adecuado para ayudar a los demás, no con nada que podamos hacer nosotros, sino con Su poder, amor y sabiduría dirigiéndonos. Comenzamos a recibir Su promesa de que haremos cosas aún mayores (ver Juan 14:12) de las que Él hizo en Su ministerio de tres años. Y nos convertimos en Sus amigos (ver Juan 15:15).

Cuando usted no escucha Su voz, se pierde gran parte de su relación con Él. Escuchar y obedecer Su voz le permite relacionarse con Él de una manera interactiva. Nos hace saber lo que debemos hacer, cómo debemos responder, y cómo podemos impactar mejor las vidas de otros en tiempo real. Escucharle nos impide perder el tiempo o entrar en una lucha a la que no estamos llamados. Su voz es la única voz buena y sabia, y usted descubrirá una lista interminable de razones por las que necesita escucharla.

CAPÍTULO 4

COMO OÍR Y OBEDECER LA VOZ DE DIOS

Una cosa es querer oírle y otra muy distinta saber cómo hacerlo. Como un niño pequeño que aprende a gatear, luego a caminar y después a correr, así es con este principio olvidado. Como no ha sido una práctica activa para usted, es probable que no oiga párrafos completos; es mucho más probable que oiga una palabra o una frase corta al principio. Responda a lo que escuche, porque le dará fe para los días en que escuche oraciones, párrafos y novelas de Sus palabras. ¿Cómo funciona? ¿Por dónde empezar? Las siguientes son siete maneras prácticas de comenzar (y continuar) escuchando la 3. acusándole o condenándole, seduciéndole a la tentación, o inflándole con pensamientos orgullosos. Sin embargo, una buena prueba para identificar las palabras de Satanás es que, ya parezcan positivas o negativas, usted se sienta desanimado, temeroso o ansioso después de oírlas. Cuando Dios nos habla, aunque lo oigamos de forma inaudible y pueda parecerse mucho a un pensamiento, también sentimos esperanza en nuestro corazón. Las palabras resuenan en usted y lo elevan a un lugar más alto. Incluso lo inspirarán.

1. Escuche con el corazón, no con los oídos.

"Dios es espíritu; y los que le adoran, en espíritu y en verdad es necesario que le adoren" (Juan 4:24). Aunque Dios puede hablar audiblemente y lo hace a través de las páginas de las Escrituras, la mayoría de las veces le oímos en nuestro corazón. Es en nuestros pensamientos donde oímos tres voces: la nuestra, la del enemigo y la de Dios. Nuestra propia voz es bastante fácil de separar, ya que conocemos el tipo de cosas que solemos pensar o decir. La voz del enemigo puede venir de muchos ángulos diferentes:
3. acusándole o condenándole, seduciéndole a la tentación, o inflándole con pensamientos orgullosos. Sin embargo, una buena prueba para identificar las palabras de Satanás es que, ya parezcan positivas o negativas, usted se sienta desanimado, temeroso o ansioso después de oírlas. Cuando Dios nos habla, aunque lo oigamos de forma inaudible y pueda parecerse mucho a un pensamiento, también sentimos esperanza en nuestro corazón. Las palabras resuenan en usted y lo elevan a un lugar más alto. Incluso lo inspirarán.

2. Adquiera una Biblia.

La Biblia se convierte en un libro diferente cuando uno empieza a entregarse a aprender a oír la voz de Dios. En primer lugar, es una forma de empezar a escuchar la voz de Dios. Tome nota de qué versículos impactan su corazón y aprenda a responder a esas palabras porque son la voz de Dios. A partir de este punto, oír directamente la voz de Dios se convierte en una segunda naturaleza.

En segundo lugar, cuanto más lea las Escrituras, más sabrá quién es Dios y el tipo de cosas que dice. Cuando empiece a oír Su voz, será mucho más fácil saber si lo que está oyendo es Su voz y no la suya propia o la del enemigo.

3. Lleve un diario

El proceso de aprender a oír hablar a Dios a través de las Escrituras nos hace comprender que Dios habla constantemente y que usted puede aprender a oírle en todos los momentos de su vida. Adquiera un cuaderno o un diario o genere un documento en su teléfono, y manténgase abierto a todos los diferentes medios a través de los cuales Dios puede hablar. Escuche las palabras de las melodías que le hacen llorar o le tocan el corazón. Preste atención a lo mismo en las líneas de las escenas de las películas. Busque palabras pronunciadas en sermones o a través de miembros de sus grupos pequeños que resuenen en su corazón. Sea consciente de que Dios puede hablar a través de pegatinas en parachoques, anuncios publicitarios, palabras dichas en conversaciones o incluso citas célebres. Si percibe algo en alguna de estas cosas, tómese un minuto para anotarlas en su diario junto a versículos de la Biblia.

4. Aprenda a confirmar lo que Él pudiera estar diciendo a través de las Escrituras, su entrenador y su equipo.

Este proceso le enseña una lección importante para aprender a oír la voz de Dios. Una cosa es oírlo. Otra totalmente diferente es saber con certeza que le ha oído. Recuerde que su reto no es sólo oír lo que Dios dice, sino responder con la acción. A esto se le llama obediencia. Si sólo se tratara de anotar algunos pensamientos de Dios para mostrárselos a otros, confirmar que realmente le ha escuchado sería menos crítico. Sin embargo, cuando se le escucha con la idea de aprender a dar un giro y entrar en él, necesita saber que realmente le ha escuchado.

En las primeras etapas de su intento de discernir la voz de Dios, es fundamental que consulte lo que oye con su entrenador. Lleve su cuaderno de notas, comparta los patrones recurrentes que usted observe en sus notas, y esté dispuesto a compartir abiertamente todo lo que esté oyendo para que puedan ayudar a confirmarlo o rechazarlo. De este modo, no perderá el tiempo con cosas que Dios no le ha dicho. Su entrenador puede ayudarle a tomar los primeros apuntes de lo que Dios podría estar diciéndole y confirmar que va por buen camino. A medida que avance, su entrenador y su equipo también le ayudarán a responsabilizarse de dar un paso adelante para responder realmente a lo que está escuchando.

5. Responda rápidamente a lo que oye.

A medida que mejore en la tarea de confirmar con un entrenador y un equipo, lo que Dios le dice, su enfoque pasará de escuchar la palabra de Dios a ponerla en práctica. Tenga esto en cuenta: Si Dios está hablando continuamente y usted está obedeciendo constantemente lo que Él le dice, sencillamente no habrá forma de llevar todo lo que oiga a su entrenador o equipo para que se lo confirmen. Es importante que se reúna periódicamente con sus compañeros del grupo de rendición de cuentas para compartir el tipo de cosas que está oyendo o las decisiones importantes sobre las que Dios le está hablando para pedirles ayuda. Sin embargo, el objetivo del proceso es que usted se vuelva lo suficientemente fuerte en oír Su voz como para que pueda responder en todo momento, incluso cuando no tenga tiempo de consultarlo con nadie. Oír y obedecer, oír y obedecer; que esto se convierta en el ritmo de su vida.

6. Sintonícese continuamente.

Incluso con el Espíritu Santo dentro de nosotros, es importante recordar que "tenemos este tesoro en vasijas de barro" (2 Corintios 4:7). Somos personas frágiles, sensibles e imperfectas que vivimos en un mundo con un enemigo que nos pisa los talones constantemente. El orgullo y el ímpetu son una forma segura de derribar incluso al seguidor de Jesús más maduro y experimentado. Es por esta fragilidad por lo que invertir en disciplinas espirituales como la oración, la lectura de la Biblia, formar parte de una iglesia local y rendir cuentas como un entrenador y un equipo es tan importante.

Estos ritmos de responsabilidad mutua y de hierro que afilan el hierro (véase Proverbios 27:17) mantienen nuestros corazones limpios, claros y afinados para poder escuchar a Dios con claridad y responder con seriedad. Es más, una persona que está siendo dirigida por la voz de Dios es una tremenda amenaza para el enemigo, y él hará todo lo que pueda para acabar con esa persona. Esto no es algo que se supere con la edad, y es algo que se vuelve cada vez más importante a medida que vivimos en respuesta a Su voz.

7. Trabaje para tener una conversación constante.

El objetivo de aprender a escuchar y obedecer la voz de

Dios es crecer en una relación cada vez más estrecha con Jesús. Esto significa que debe vivir en una conversación constante y cada vez más profunda con Él. Escuchar y responder a la voz de Dios en cada momento de su día le convierte en un misil teledirigido que sabe cómo manejar cada situación porque está conectado con el amor y el propósito de Dios.

Mientras que muchas personas temen que su vida sea destruida por un desastre repentino o se preguntan si están en el trabajo correcto, casados con la persona apropiada o tomando las decisiones correctas, usted no tendrá que preguntarlo porque sabrá con certeza que está justo donde se supone que debe estar. Lo sabrá porque habrá escuchado a Dios decírselo. Aún más, podrá acudir continuamente al Señor y compartir sus preocupaciones, temores, esperanzas y deseos con Él a lo largo de su día. Él le escuchará y le ayudará.

Aprenderá cada vez más, conforme escuche su voz, que el Señor habla todo el tiempo y de muchas maneras diferentes. Sepa esto: Aprender a oír Su voz es un don que transforma la vida. Le da acceso a una sabiduría profunda, a toda la verdad, a una guía abundante y a mucho más. Escucharle y obedecer lo que Él dice debería ser el ritmo de su vida. Cuando lo sea, experimentará una forma de vivir diferente, mejor y más plena, y participará en cosas importantes y milagrosas.

CAPÍTULO 5

APRENDER A OÍR Y OBEDECER LA VOZ DE DIOS UN RESUMEN

Todos los héroes de la Biblia oyeron a Dios. Dios transmitió propósito, esperanza, fe y ayuda a estos hombres y mujeres de fe. A menudo estaban a punto de enfrentarse a circunstancias demasiado grandes para ellos, o se encontraban en un lugar desesperado con el corazón roto. Cuando Dios les habló, sus situaciones cambiaron y fueron transformados. La voz de Dios lo cambia todo, y Él habla todo el tiempo. El problema es que nosotros, con nuestros corazones averiados y llenos de pecado, a menudo estamos demasiado consumidos en nuestros propios consuelos como para escucharle. Estamos fuera de forma y necesitamos Su ayuda para que nos dé fe y obediencia para cambiar. Cuando aprendemos a escuchar Su voz y a obedecer, tenemos acceso a un nuevo libro de estrategias. De repente, el Dios de todo el universo y de todo lo que hay en él nos ayuda diciéndonos cuál es nuestro siguiente paso y revelándonos los lugares en los que estamos averiados. Sus palabras traen nueva vida a nuestros corazones muertos y crecemos. Esta primera pieza, aprender a oír y obedecer la de Dios, se olvida porque nuestro pecado nos desconecta y naturalmente no estamos inclinados a oírle. Cuando vuelve a nosotros, recuperamos parte de nuestra relación que ha estado perdida. Entonces contamos con Su ayuda y dirección. Él nos hablará de cosas grandes y transformadoras de la vida y de detalles pequeños y reservados. Su voz nos cambiará, y le amaremos de forma diferente cuando la oigamos y obedezcamos.

En esta sección, usted leyó sobre Samuel, que oyó la voz de Dios en una época en que la voz del Señor era poco frecuente. Escribimos sobre las razones y cómo puede aprender a oír y obedecer la voz de Dios.

¿Por qué aprender a oír y responder a la voz de Dios?

1. Usted recibe una dirección conectada a una sabiduría más profunda.

2. Su voz le da acceso a Su consuelo y amor.

3. Usted se reconecta para vivir de la manera para la que fue hecho.

4. Recibe la sabiduría del Señor para afrontar las circunstancias de su vida.

5. Obtienes acceso a Su poder en tu vida.

6. Usted obtiene una relación con Jesús.

7. ¿Cómo se oye la voz de Dios?

    a. Escuche con el corazón, no con los oídos.

    b. Tome una Biblia.

    c. Lleve un diario.

    d. Aprenda a confirmar lo que Él pudiera estar diciendo a través de las Escrituras, su entrenador y su equipo.

    e. Responda rápidamente a lo que oye.

    f. Sintonícese continuamente.

    g. Afánese en mantener una conversación constante.

Muchos no se dan cuenta de que Dios habla, y obviamente,

no saben escucharle y obedecerle. Pudiera ser que, al principio, Él diga una o dos palabras. Escríbalas y compártalas con su entrenador y su equipo. Haga todo lo posible por obedecerle. Cuanto más lo haga, más aprenderá cómo es su voz y cómo discernir la diferencia entre Su voz, su voz y la voz del enemigo. Sus palabras son las únicas que tienen vida. Aprenda a oír y obedecer Su voz. Haga todo lo que pueda incluso con las cosas más pequeñas y observe cómo su vida se llena de visión, esperanza y fe.

SEGUNDO PRINCIPIO OLVIDADO

VIVIR EN INTIMIDAD CON DIOS EN TODO MOMENTO

Yo soy la vid y ustedes son las ramas. El que permanece en mí, como yo en él, dará mucho fruto; separados de mí no pueden ustedes hacer nada.
(Juan 15:5)

CAPÍTULO 6

EL APÓSTOL JUAN: A QUIEN JESÚS AMÓ

Nuestra vida cotidiana transcurre en una batalla constante y muy ruidosa para captar nuestra atención. Los vendedores nos persiguen en todas direcciones por medio de vallas publicitarias, anuncios en revistas, pegatinas en los parachoques, correos electrónicos y mensajes de texto. Los medios de comunicación, incluidos los informativos y los de entretenimiento, trabajan las veinticuatro horas del día para atraer a los televidentes y nunca (esperan) dejarnos escapar. No podemos dejar el trabajo en la oficina porque sigue llegando a nuestras vidas personales a través de nuestros teléfonos. Incluso puede resultar difícil escuchar la voz de alguien cuando se está con él porque hay muchas otras voces que intentan distraernos y captar nuestra atención.

Lo mismo ocurre cuando se trata de oír a Dios. Para poder oír su voz, es preciso despejar un espacio en el corazón y en la mente. La adoración es la elección que usted hace de entregar su corazón y su ser a algo. Para adorar a Dios, se ve obligado a apartarse de todo lo demás, lo que incluye su propia y muy ocupada vida pensante.

A.W. Tozer dijo: "Tenemos tanto de Dios como realmente queremos".4 A lo largo de las Escrituras, vemos a personas que llegan a conocer a Dios y que luego son invitadas a encontrarse con Su presencia, lo que transforma su propia experiencia y repercute en las vidas de quienes les rodean. Este tesoro, la presencia de Dios, cambia nuestras vidas y las vidas de todos a los que tocamos. Aprender a deshacernos de la presencia de las distracciones en nosotros para cultivar una vida en Su presencia es una clave para conocer y seguir a Jesús. Si queremos saber cómo vivir en conexión íntima con Dios, tenemos pocos ejemplos mejores que el apóstol al que Jesús amaba.

Al mismo tiempo que Jesús empezó a llamar a sus discípulos, acto que lanzó su ministerio público de tres años, un adolescente llamado Juan ya había dado un salto apasionado y saturado de fe para seguir a otro líder espiritual de la época.

Seguir a Juan el Bautista no era para los débiles de corazón. Su voz profética y su estilo de vida captaron sin duda la atención del público, pero no crearon un grupo popular de seguidores. Asociarse con un líder cuya dieta consistía en langostas y miel y que era más conocido por sus constantes llamamientos al arrepentimiento desde el margen de la sociedad y la vida religiosa tenía un precio.

Tenemos una idea del corazón por Dios de esos dos jóvenes cuando pasan junto por Dios a Jesús y Juan el Bautista exclama:

"¡Aquí tienen al Cordero de Dios, que quita el pecado del mundo!" (Juan 1:29).

> *"Cuando los dos discípulos lo oyeron decir esto, siguieron a Jesús. Jesús se volvió y al ver que lo seguían, les preguntó:—¿Qué buscan?—Rabí, ¿dónde te hospedas?* (Rabí significa "Maestro".)*— Vengan a ver*—contestó Jesús. *Ellos fueron, pues, y vieron dónde se hospedaba. Ese mismo día se quedaron con él. Eran como las cuatro de la tarde"* (Juan 1:36-39).

Y así comienza una de las más grandes historias de amistad íntima y de discipulado comprometido. Juan, el futuro apóstol, se convierte en uno de los dos primeros discípulos de Jesús, pero lo más importante es que nos muestra una profundidad de intimidad relacional con Jesús que se distingue de la de los otros once y que ha inspirado a millones de personas a buscar lo mismo durante los dos últimos milenios.

Sabemos que miles de personas entraron en contacto con Jesús. Caminó entre las multitudes de individuos que presenciaron o participaron en alguno de sus milagros, como el día en que multiplicó milagrosamente la lonchera de un niño para alimentar a 5.000 personas, como se relata en Mateo 14:13-21.

Pablo escribe acerca de un grupo que había establecido una relación más estrecha que las grandes multitudes. En 1 Corintios 15:6, leemos: *"Después se apareció a más de quinientos hermanos a la vez, la mayoría de los cuales vive todavía, aunque algunos han muerto.*

Jesús no hizo nada sin un propósito en ello. Esto significa que Jesús había conectado o construido algún tipo de relación con estas 500 personas que hizo que aparecerse a ellos fuera impactante. Así que este grupo de 500 parecería estar un paso más cerca que el resto de los que presenciaron Sus milagros.

Más cercanos aún estaban los ciento veinte individuos que, después de que Jesús subiera al cielo, esperaron, de acuerdo con su mandato, para ser llenos del Espíritu Santo en el aposento alto (véase Hechos 1:15). Había un número todavía más reducido que incluía a los setenta y dos individuos que Jesús envió de dos en dos para que pusieran en práctica lo que Él les había enseñado (Véase Lucas 10:1).

Ahora nos acercamos mucho más hasta llegar a los doce discípulos que Jesús eligió, formó y envió. Estos doce vivieron, durmieron, comieron, aprendieron y ministraron junto a Jesús durante tres años repletos de acción. Este es un nivel de acceso que nadie más tuvo (Marcos 3:14-17).

Incluso más allá de los doce, hubo tres -James, Pedro y Juan- a los que se les dio un nivel de acceso íntimo o relación mucho más profunda que los demás. En repetidas ocasiones a lo largo de los evangelios, a estos tres se les dieron asientos de primera fila para presenciar lo que nadie más presenció. Un ejemplo de esto incluye el Monte de la Transfiguración en Lucas 9:18-36 donde Moisés y Elías se unieron a Jesús en su momento de oración, y Dios habló audiblemente desde el Cielo.

Más allá incluso de la intimidad de los tres, había uno

que estaba más cerca: Juan. Es interesante y tiene sentido que el evangelio de Juan sea la versión con la descripción más clara de la relación íntima de Jesús con el Padre. Juan tenía un anhelo de intimidad con Jesús que le permitió ser conocido como "el discípulo a quien Jesús amaba", no porque Jesús tuviera favoritos, sino por la capacidad de Juan de acercarse.

Juan fue elegido como uno de los doce y luego repetidamente atraído a las experiencias únicas de los tres, junto a su hermano, Santiago, y su antiguo compañero de pesca, Pedro. En Juan 13:22-24, mientras Jesús reunía a sus discípulos para una última cena antes de su muerte, Juan estaba sentado junto a Jesús con la cabeza apoyada en el pecho de Jesús. Durante las dramáticas horas siguientes, todos los demás discípulos huirían despavoridos, incluido Pedro, que negó a Jesús tres veces. Sin embargo, en el relato de Jesús colgado en la cruz, Juan era el único discípulo que seguía allí. Lo que sucedió a continuación fue casi imposible de comprender:

> *Junto a la cruz de Jesús estaban su madre, la hermana de su madre, María, la esposa de Cleofas, y María Magdalena. Cuando Jesús vio a su madre y al discípulo a quien él amaba a su lado, dijo a su madre: —Mujer, ahí tienes a tu hijo. Luego dijo al discípulo: —Ahí tienes a tu madre. Y desde aquel momento ese discípulo la recibió en su casa* (John 19:25-27).

Desde la cruz, Jesús miró hacia abajo y le pidió a Juan, su discípulo amado, que cuidara de Su madre, María, un nivel de cercanía, amistad y confianza difícil de igualar.

Hay una sección muy asombrosa del evangelio de Juan, en Juan 21:20-23, en la que Jesús restaura a Pedro después de que éste le negara y, sin embargo, incluso en un momento tan conmovedor y rico de experimentar la misericordia de Dios, Pedro no pudo evitar sentir celos de la relación de Juan con Jesús:

> *Al volverse, Pedro vio que los seguía el discípulo a quien Jesús amaba, el mismo que en la cena se había reclinado sobre Jesús y había dicho: 'Señor, ¿quién es el que va a traicionarte?'*

> Al verlo, Pedro preguntó: —*Señor, ¿y este qué? Jesús dijo:* —*Si quiero que él permanezca vivo hasta que yo vuelva, ¿a ti qué? Tú solo sígueme. Por este motivo corrió entre los hermanos el rumor de que aquel discípulo no moriría. Pero Jesús no dijo que no moriría, sino solamente: 'Si quiero que él permanezca vivo hasta que yo vuelva, ¿a ti qué?'* (Juan 21:20-23).

Este "rumor" de que Juan nunca moriría se debía al nivel de intimidad que había en su relación con Jesús, y ejemplifica cómo los discípulos comprendieron que la intimidad con Jesús podía cambiar la vida de una persona. En el Libro de los mártires, vemos a Juan: "Entre los numerosos mártires que sufrieron durante esta persecución estaba... San Juan, que fue hervido en aceite y después desterrado a Patmos". El autor paleocristiano Tertuliano escribió más sobre esto en el año 200 d.C., describiendo cómo "en Roma, el apóstol Juan, habiendo sido sumergido en aceite caliente, no sufrió daño alguno."

Mucho después de la muerte y resurrección de Jesús, Juan se volvió tan peligroso para los que se resistían a la propagación del cristianismo que la única forma de frenar su influencia fue desterrarlo a la isla de Patmos. Es difícil imaginar que un ser humano se acerque tanto a Dios, que su vida se llene de tal gracia y poder, que la única forma de impedir que cambie el mundo sea aislarlo a cientos de kilómetros de los demás.

La íntima amistad de Juan con Jesús se evidencia además en Apocalipsis 1:9-10. Cuando Jesús buscaba a alguien para que escribiera cómo acabaría todo un día, el libro del Apocalipsis, decidió presentarse y compartirlo con Juan. Sin embargo, quizá el mayor testamento de la estrecha relación de Juan con Jesús sea su evangelio. El Evangelio de Juan ofrece más información que cualquiera de los otros relatos de testigos oculares sobre lo que el Rey de reyes, Señor de señores, Salvador del mundo e Hijo de Dios consideraba más valiosas: Su propia relación casi insondable de dependencia tanto del Padre como también del poder del Espíritu Santo.

Al leer la historia de Juan, el discípulo amado, tenemos

que preguntarnos si Jesús demostró favoritismo hacia Juan. Sin embargo, sabiendo que Jesús estaba libre de pecado, nos vemos obligados a lidiar con la verdad de que Juan recibió más amor de Jesús porque fue muy deliberado a la hora de dejarse amar por su Maestro. Al igual que María, la hermana de Marta, Juan se propuso buscar a Jesús, estar con Jesús, permanecer con Jesús y crecer en confianza en Jesús.

Es importante darse cuenta de que Juan fue, ante todo, muy buen discípulo. Su vida y su búsqueda de intimidad con Jesús fueron elementos que aprendió de Jesús. Esta era la forma en que Jesús mismo vivía -en constante e íntima relación con Dios, el Padre, a través del poder del Espíritu Santo- y esa relación nos la dio Dios como una invitación para nuestra nueva manera de vivir.

En los siguientes capítulos, encontrará historias, razones, los "por qué" y la guía inicial para vivir en intimidad con Dios, en todo momento. Este principio olvidado necesita volver a nuestras vidas porque quienes viven en intimidad con Él experimentan más de Aquel que supera toda carencia y atraviesa toda herida. Juan es un poderoso ejemplo de alguien que aceptó la oferta de Jesús, y hoy esa misma oferta se extiende a cada uno de nosotros. La pregunta vuelve a plantearse: ¿Cuán cerca vendrá usted a Aquel a quien su corazón anhela acercarse?

CAPÍTULO 7

UN VISTAZO A CÓMO APRENDER A VIVIR CON DIOS EN INTIMIDAD EN TODO MOMENTO

"Tic. Tic. Tic. Tic", era el sonido de mi coche destartalado con un motor destartalado en mi trayecto de una hora a la universidad cada mañana. Era un estudiante universitario pobre y mi presupuesto no daba para muchos gastos imprevistos o incluso previstos. El depósito de gasolina cada vez más vacío y el aumento de temperatura debido a un radiador defectuoso significaban que el vehículo no estaba en condiciones de funcionar. Y ahora oigo el tictac del motor

Justo antes de irme a la escuela cada día, me inclinaba junto a mi cama para intentar aprender a orar a solas en mi habitación. Siendo un nuevo seguidor de Jesús, nada de esto resultaba de forma natural. En el momento en que me arrodillaba para orar, mi mente se aceleraba o me quedaba dormido. Luchaba desesperadamente contra ambas tendencias para poder concentrarme en Jesús, sabiendo lo que ya había hecho en mi vida en tan poco tiempo y ansioso por verle hacer más en mi vida. Necesitaba que Él me ayudara a controlar mi mente y mi corazón infieles, ansiosos y distraídos.

Los días en que se producía un avance y percibía Su presencia, mi siguiente reto era no dejar que se desvaneciera en el trayecto a la escuela. Al salir de casa con una fuerte sensación de conexión con Jesús, empezaba la batalla: ¿Podría mantener mi mente en Él, aunque el tránsito, las tareas escolares, una cuenta bancaria prácticamente inexistente y un coche cada vez más problemático me enfrentaran a cada momento durante el trayecto?

Incluso en medio de tales distracciones, podía sentir claramente que Dios me llamaba para que me acercara. Estaba conmigo y dispuesto a hablarme, a tocar mi corazón, a ayudarme y a guiarme. Cuando mi mente se preocupaba o pensaba en todas las posibilidades de cómo solucionar las cosas, podía sentir que Él me invitaba a dejar esas cosas a sus pies para poder estar con Él.

Durante unas semanas, mi corazón errante optó por rechazar esta invitación encendiendo la radio cristiana; razonaba que las canciones al menos hablaban de Él. Poco a poco, mi corazón se fue convenciendo, pero, bloqueándome de nuevo, volvía a escuchar cintas de adoración, diciéndome a mí mismo que esas canciones honraban al Dios que estaba evitando. Jesús intervino para ayudarme averiando el aparato de música de mi auto. Por fin, salí de las distracciones y me vi obligado a enfrentar mi ansioso corazón. ¿Podría acallar mis pensamientos y mantener mi corazón en interacción con el Creador del universo, que de alguna manera estaba en mi auto luchando por mi atención?

Mes tras mes, año tras año, probé todos los trucos que pude para entrenarme a "permanecer en Él". Si me caía del caballo y olvidaba que Dios existía durante unas horas, me arrepentía, volvía a Él y empezaba de nuevo. Poco a poco, Su presencia y Su amor se volvieron más naturales para mí que mi mente ansiosa y acelerada.

Años más tarde, Jesús me invitó a probar una manera más sencilla: Si me "subiera al auto con Él" al comenzar mis días y decidir no bajarme, Él me mantendría cerca.

Imagino que cada uno de nosotros es diferente y que las batallas a las que nos enfrentamos para "llevar cautivo todo pensamiento" se ganarán de mil maneras distintas. Pero es posible, y de vital importancia, que aprendamos a permanecer en el auto, rechazando las muchas voces y razones a los que nos enfrentamos que intentan bajarnos de ahí. Él entregó Su vida para llevarnos a casa, a una relación íntima con el Padre, Su Hijo Jesús, y el Espíritu Santo. Él nos enseñará a acercarnos y a permanecer cerca de Él

CAPÍTULO 8

¿POR QUÉ VIVIR EN INTIMIDAD CON DIOS EN TODO MOMENTO?

Uno desea vivir en intimidad en todo momento con Dios porque Él es bueno. Su intención es hacernos bien; Él nos ama intensamente. Es más, Él nos conoce mejor que nadie, incluido usted mismo. Y todas las razones se basan en eso. Como en cualquier relación, el tiempo que se pasa juntos es la manera de aprender acerca de Él. Cuanto más tiempo pasemos juntos, más comprenderemos los caminos de Dios. Aprendemos cómo habla Él. Nos hace experimentar en todo momento Su búsqueda de nosotros y de los que forman parte de nuestra vida. Tienes acceso a Sus dones, a Su ayuda, a Su consuelo. Todas las demás cosas olvidadas resultan exponencialmente más fáciles gracias a la capacidad de aprender esto. Vivir una vida llena de fe e impactante es posible si aprendemos a vivir de esta manera. Aunque esta lista es interminable, a continuación, exponemos cinco razones por las que hemos descubierto que es fundamental vivir la vida en intimidad con Dios, en todo momento.

1. Usted puede oír la voz de Dios continuamente.

En un capítulo anterior usted aprendió que Dios le habla y quiere hablarle todo el día, en cada momento y en cada decisión. La oportunidad de caminar muy cerca de Él, de conocerlo y de ser dirigido por Él a través de las situaciones complejas a las que nos enfrentamos es algo que cambia las reglas del juego. Pero, para algunas personas, esta realidad es algo con lo que siguen luchando incluso después de saber que es una posibilidad.

Es frecuente que a todos nos cueste acordarnos a escuchar lo que Dios nos dice, porque nos dejamos llevar por las circunstancias, las personas y las emociones que experimentamos en la vida. Durante horas del día, nos olvidamos de que Él está con nosotros, y no nos permitimos esperar Su voz porque estamos demasiado absorbidos por el ímpetu de nuestra vida cotidiana. Si usted aprende a vivir consciente de Dios, continuamente conectado a Él, le resultará mucho más fácil prestar atención a lo que Dios le dice y estar a la expectativa. Es frecuente que a todos nos cueste acordarnos a escuchar lo que Dios nos dice, porque nos dejamos llevar por las circunstancias, las personas y las emociones que experimentamos en la vida. Durante horas del día, nos olvidamos de que Él está con nosotros, y no nos permitimos estar a la expectativa para oír Su voz porque estamos demasiado abstraídos por el ímpetu de nuestra vida cotidiana. Si usted aprende a vivir consciente de Dios, continuamente conectado a Él, le resultará mucho más fácil prestar atención a lo que Dios le dice y estar a la expectativa.

2. Es más fácil obedecer cuando se oye hablar a Dios.

Aunque es cierto que Dios es omnipresente y que Su presencia está constantemente con nosotros, también es cierto que podemos experimentar Su "presencia manifiesta", o instancias en las que Su presencia puede percibirse o experimentarse físicamente. A medida que uno crece en su capacidad de permanecer abierto y conectado con Dios a lo largo de los días, se crea más espacio para que el Espíritu Santo entre en la vida cotidiana y se "normalice" la experiencia de la presencia y el poder de Dios.

En esos momentos en los que se siente Su presencia y luego se le oye hablar, la obediencia a lo que Él dice es mucho más fácil porque se está en medio de la experiencia de Su paz y Su provisión. Cuando la fe es escasa, las circunstancias parecen imposibles y todos los sentimientos y voces que nos rodean nos dicen que lo que Dios está diciendo es una locura, es difícil dar un paso hacia la obediencia. Sin embargo, cuando la presencia de Dios invade estas situaciones, uno puede sentir realmente que Él está con uno, y Su presencia desplaza la confusión con la fe. Como resultado, damos un paso adelante para hacer lo que Él nos ha dicho que hagamos.

3. Los pensamientos negativos se desplazan con la alegría.

Muchas personas luchan por controlar sus pensamientos. Los pensamientos negativos y temerosos, lujuria, obsesiones, sospechas, fantasías e incapacidad para concentrarse o estar presente, son sólo algunas de las cosas que abruman la mente de las personas a lo largo de sus días. A muchos jóvenes les cuesta conciliar el sueño por la noche porque su vida de pensamientos se convierte en un fuego arrasador que los mantiene despiertos durante horas. Aprender a vivir en intimidad con Dios en todo momento, o practicar Su presencia, lleva tiempo. No ocurre en un instante.

La alegría es gracia reconocida o la capacidad de ver que Dios está cerca de uno y a nuestro favor. Hay una diferencia entre caminar por la vida diaria consumido por pensamientos negativos y opresivos y mantener la mente y el corazón centrados en que Dios está conmigo, es para mí y me ama. La diferencia da lugar a la alegría.

4. Usted florecerá, crecerá y dará frutos efectivos.

Pocos días antes de la crucifixión, Jesús se volvió a sus discípulos y les dijo:

> *"Yo soy la vid verdadera y mi Padre es el labrador. Toda rama que en mí no da fruto la corta;*

pero toda rama que da fruto la poda para que dé más fruto todavía. Ustedes ya están limpios por la palabra que les he comunicado. Permanezcan en mí y yo permaneceré en ustedes. Así como ninguna rama puede dar fruto por sí misma, sino que tiene que permanecer en la vid, así tampoco ustedes pueden dar fruto si no permanecen en mí (Juan 16:1-4).

Aquí Jesús ofrece a sus seguidores más cercanos una metáfora instructiva: Así como una rama recibe nutrientes de la vid para darle la vida necesaria para crecer, así nosotros recibimos amor, luz y vida al permanecer conectados a Jesús. Si "permanecemos en Él, daremos fruto". Este fruto puede ser la estrecha relación, la paz y la alegría detalladas anteriormente, pero también puede ser nuestra capacidad para ayudar a otras personas de nuestro entorno. Jesús no se detiene ahí:

"Yo soy la vid y ustedes son las ramas. El que permanece en mí, como yo en él, dará mucho fruto; separados de mí no pueden ustedes hacer nada. El que no permanece en mí es desechado y se seca, como las ramas que se recogen, se arrojan al fuego y se queman. Si permanecen en mí y mis palabras permanecen en ustedes, pidan lo que quieran y se les concederá. Mi Padre es glorificado cuando ustedes dan mucho fruto y muestran así que son mis discípulos. " Así como el Padre me ha amado a mí, también yo los he amado a ustedes. Permanezcan en mi amor. Si obedecen mis mandamientos, permanecerán en mi amor, así como yo he obedecido los mandamientos de mi Padre y permanezco en su amor" (Juan 15:5-10).

"*Si permanecéis en mí*" es una frase que Jesús repitió varias veces, animando y amonestando a sus discípulos para que escucharan sus palabras y permanecieran conectados a Él a lo largo de su vida. Si permanecían conectados florecerían, crecerían y cambiarían la vida de muchas personas. Si no lo hacían, se marchitarían y morirían espiritualmente. Este es el poder de vivir en intimidad en todo momento con

Jesús. Cuanto más cerca de Él se viva, más se producirá un fruto eficaz y abundante.

5. Usted se convierte en una persona de Su presencia.

La intimidad con Dios no es un lindo añadido a una salvación ya de por sí buena. La intimidad con Él es la forma misma en que usted fue diseñado para vivir, y cualquiera otra alternativa, ya sea alguna intimidad o ninguna, es una vida peor y una forma ineficaz. Fuera de Su presencia, usted está atado a las cosas de este mundo. Está oprimido por las formas restrictivas de las reglas, el juicio, las expectativas y el ritmo del mundo. En Su presencia, usted está libre de todo eso, equipado con abundancia a Su provisión constante, Su voz, y la capacidad de seguirle en lo que Él diga.

Después de la crucifixión, Jesús se apareció a un grupo de 120 de sus seguidores, para enseñarles acerca del Reino de Dios. Les dejó una sola instrucción: No podían salir. Tenían que esperar el don que Dios había prometido: el don del Espíritu Santo (véase Hechos 1:3-9). Cuando eso ocurrió y recibieron el Espíritu Santo, el poder milagroso y abrumador que resucitó a Jesús de entre los muertos, que venció toda maldición y pecado en la Tierra, residió en ellos. Y se volvieron diferentes; fueron transformados.

Cuando se es una persona de Su presencia, se es diferente. Usted está constantemente en sintonía con los caminos de Jesús y las palabras de Dios. No hay empantanamiento en los caminos del mundo; lo surfeamos, sacando a otros de los mares tumultuosos mientras nos dirigimos hacia Su propósito. No tenemos necesidad de temer a lo desconocido, al hombre o a las circunstancias; usted está constantemente conectado con Aquel que lo sabe todo y está por encima de todo. Usted sabe de dónde proviene su provisión física y espiritual. Usted es libre de adorarle, sin preocuparse por nada, mientras que otros tienen que consolar o enterrar su dolor por medios artificiales y antinaturales, como ganar dinero, saciarse de comida o comprar casas más grandes. Como persona de Su presencia, usted comprende las formas más profundas en que Dios actúa, y está libre de todo excepto de la oferta satisfaciente y apremiante de vivir cada momento cerca de Él. Convertirse en una persona de Su presencia es para lo que usted fue hecho, y la intimidad de todo momento con Él es el camino que le conduce a esa realidad.

Cuanto más esté con Él, más le amará. Y cuanto más le ame, más anhelará estar con Él. Cuando usted conoce al Señor y permanece con Él a lo largo de su día, usted es transformado por causa de con Quién está. Las razones para vivir su vida de esta manera son numerosas. Como cualquier gran relación, usted descubrirá constantemente más y más de quién es el Señor y a medida que lo haga, su vida cambiará y usted crecerá debido a ello.

CAPÍTULO 9

CÓMO VIVIR EN INTIMIDAD CON DIOS EN TODO MOMENTO

Cuando usted olvida que Él está con usted, pierde el acceso a su ayuda y a la guía de su vida. Pierde las oportunidades de estar con Él. No ve cambios milagrosos y se ve obligado a depender de sus mejores esfuerzos (que no funcionan). Vivir en intimidad en todo momento significa que usted vive en constante conexión con Él y tiene acceso al conocimiento de que usted es profundamente amado y tiene un propósito específico.

Esta no es una rutina para visitarlo por la mañana o antes de acostarse. Es como respirar: "Él está conmigo. Yo estoy con Él. Sé que Él está cerca. Tengo todo lo que necesito". Como Juan, usted aprenderá a amarle de una manera profunda y llegará a más que otros simplemente porque está más cerca. Pero, ¿cómo es posible si usted, a diferencia de Juan, no llega a ver a Jesús físicamente delante de usted? Con tantas cosas que ocupan su corazón y su mente, ¿cómo puede mantenerse conectado a Él? Es posible hacerlo, y las siguientes son seis maneras de empezar.

1. Crea que Él existe

El primer paso para relacionarse con cualquier persona es creer que está ahí. A medida que los bebés se acercan a los ocho meses de edad, desarrollan algo llamado "permanencia del objeto", que es la comprensión de que las personas u otros objetos siguen existiendo incluso cuando no pueden verse, oírse o percibirse de otro modo. Hasta que esto se desarrolle, jugar al "escondite" con un niño no es muy divertido porque en el momento en que usted se esconde o desaparece de su vista, se olvida de que está ahí.

Nuestro primer paso para aprender a vivir en una relación de todo momento con Dios es creer y saber en nuestro corazón que Él realmente está ahí y vivir de esa manera constantemente. *"En realidad, sin fe es imposible agradar a Dios, ya que cualquiera que se acerca a Dios tiene que creer que él existe y que recompensa a quienes lo buscan." Nuestro primer paso para aprender a vivir en una relación de todo momento con Dios es creer y saber en nuestro corazón que Él realmente está ahí y vivir de esa manera constantemente. "En realidad, sin fe es imposible agradar a Dios, ya que cualquiera que se acerca a Dios tiene que creer que él existe y que recompensa a quienes lo buscan"* (Hebreos 11:6).

No se trata de un simple asentimiento mental, de estar de acuerdo en que Dios está ahí porque alguien le convenció de la realidad. Es como conocer a otro individuo. Una vez que conoce a una persona, sabe a partir de ese momento que existe, y decide con qué frecuencia se relacionará con él/ella y a qué nivel. Sería extraño conocer a alguien y negar que existe. Con Dios, el primer paso para vivir cerca de Él es creer que es real y que recompensa a los que le buscan con diligencia (véase Hebreos 11:6).

2. Invite a Jesús a su corazón y tome la decisión de seguirle.

En Lucas 5:1-11, leemos la extraordinaria historia de Jesús llamando a Pedro a una relación más profunda con Él.

> Un día estaba Jesús a orillas del lago de Genesaret y la gente lo apretujaba para

escuchar el mensaje de Dios. Entonces vio dos barcas que los pescadores habían dejado en la playa mientras lavaban las redes. Subió a una de las barcas, que pertenecía a Simón, y le pidió que la alejara un poco de la playa. Luego se sentó, y enseñaba a la gente desde la barca. Cuando acabó de hablar, dijo a Simón: —Lleva la barca hacia aguas más profundas y echen allí las redes para pescar. —Maestro, hemos estado trabajando duro toda la noche y no hemos pescado nada —contestó Simón —. Pero, como tú me lo mandas, echaré las redes. Así lo hicieron y recogieron una cantidad tan grande de peces que las redes se les rompían. Entonces llamaron por señas a sus compañeros de la otra barca para que los ayudaran. Ellos se acercaron y llenaron tanto las dos barcas que comenzaron a hundirse. Al ver esto, Simón Pedro cayó de rodillas delante de Jesús y le dijo: —¡Apártate de mí, Señor; soy un pecador! Es que él y todos sus compañeros estaban asombrados ante la pesca que habían hecho, como también lo estaban Santiago y Juan, hijos de Zebedeo, que eran socios de Simón. —No temas, desde ahora serás pescador de hombres —dijo Jesús a Simón. Así que llevaron las barcas a tierra y, dejándolo todo, lo siguieron.

Antes de esto, Andrés, el hermano de Pedro, ya le había presentado a Jesús, y éste se había interesado por lo que tenía que decir. Sin embargo, en este momento, Jesús dirigió su atención a Pedro para llamarlo a una relación personal e íntima. Jesús entró en la vida cotidiana del joven y le mostró a Pedro quién era Él en realidad. Al principio de la historia, Pedro era un pescador cansado y desanimado que había tenido un día realmente malo en el trabajo, sin pescar nada en toda la noche y tratando de limpiar sus redes y volver a casa. Jesús interrumpió su limpieza para pedirle ayuda y luego realizó un milagro dirigido específicamente a demostrarle a Pedro que Él tenía el poder de cumplir los deseos de su corazón. Le mostró que Él es más que un simple "maestro". Es el Señor de toda la creación que puede llenar una red de peces.

De alguna manera, en medio del intercambio, el corazón de Pedro se vio confrontado no sólo por la existencia de Jesús, sino también por la comprensión de que Él era Aquel a quien su corazón había estado esperando toda su vida. A Pedro no le quedó más remedio que caer ante Jesús y ser sincero con lo que había en su corazón. Jesús respondió a la visceral expresión de fe y temor al Señor de Pedro, diciendo misericordiosamente: "No te preocupes por el estado de tu corazón, Pedro. Yo puedo ayudarte. De hecho, si lo abres cada parte de tu vida para seguirme, juntos 'pescaremos' (o alcanzaremos) y ayudaremos a muchos otros."

No hay forma de que usted o yo desarrollemos una vida de intimidad de mes a mes sin tomar la misma decisión que tomó Pedro: Si usted cree que Él es real, ¿le abrirá su corazón? ¿Elegirá entregarle su vida? ¿Elegirá seguirle? ¿Dejará que sustituya su corazón quebrantado por un corazón vivo para amarle?

3. Sienta Su presencia por primera vez y después con más regularidad.

Para la mayoría de nosotros, ya hemos sentido su presencia (aunque no pudiéramos identificar de qué se trataba en ese momento). Aquí es donde empezamos en la primera página de este libro. Puede que usted lo haya sentido a últimas horas de la noche, cuando rompió a llorar, sin saber por qué, anhelando algo que no podía explicar.

Puede ser que usted lo haya sentido cuando escuchaba una canción que de alguna manera le tocó el corazón y le llenó los ojos de lágrimas. O tal vez haya ocurrido cuando observaba a una hermosa familia unida, vio algo que le inspiró o incluso contempló una noche estrellada o un hermoso amanecer. Si es usted como la mayoría de las personas que leen este libro, usted ha sentido "algo". El siguiente paso para usted es darse cuenta de que lo que sintió era Jesús, y luego abrirse a sentir su presencia con usted, reconociendo que es Él.

Dios está en todas partes y en todas las cosas. Con sólo detenerse o aquietar su vida de pensamientos y apagar todo lo demás, puede elegir o hacerle un lugar a Su presencia para que entre en su corazón. Esta capacidad de sentir que Él está con usted puede ir y venir. A veces puede ser más fuerte y otras veces casi imposible de detectar. En verdad, Él está presente con usted lo "sienta" o no. No siempre " se siente" cuando vamos a pasar tiempo con los amigos, pero las relaciones siguen requiriendo una inversión de esfuerzo para que crezcan. Aprender a conocer y reconocer Su presencia con usted requiere tiempo y, en especial, cultivarla cuando va directamente en contra de lo que usted siente en ese momento. Elegir crear un espacio para responder a Su presencia, independientemente de su percepción de la misma, es una disciplina espiritual clave que necesitará desarrollar.

4. Reserve una parte de cada día para pasar tiempo a solas con Dios.

Vivimos en un mundo que no cree en Dios y que de hecho ridiculiza a los que sí creen. Nuestras vidas están ocupadas y constantemente llenas de cosas que compiten por nuestra atención. También nos enfrentamos a las realidades y responsabilidades de la vida que nos arrastran rápidamente a tendencias de "pelea o vuela". Al principio puede ser muy fácil alejarse cinco minutos de casa y olvidarse de que Dios existe. Al final de un día de locos, entonces uno se da cuenta: "¡Vaya! Me olvidé de Ti, Jesús. Me enfrenté a un día entero solo, sin ti, ¡igual que antes de que entraras en mi vida!". Por supuesto, esto significa que usted pasó un día entero sin oírle hablar.

Una forma de evitar que se olvide de Jesús es empezar el día con un tiempo de meditación. Se trata de un tiempo apartado para que usted esté en silencio, escuche, lea las Escrituras y le diga que le concede ese día y que desea seguirle en él. Puede pedirle que le enseñe a crecer más cerca de Él a través de cada acontecimiento al que se enfrente. Incluso puede hablar con Él en el tiempo de meditación de mañana sobre cómo le fue al permanecer conectado a Él el día anterior.

Los tiempos de meditación e son una herramienta útil para hacer intencionadamente sitio en su corazón y en su mente para su nueva relación con Jesús. Estos tiempos de pueden ser duros al principio, ya que sentirá el peso insoportable de la quietud y luchará por no distraerse. Poco a poco, sin embargo, se convertirán en momentos más enriquecedores y vitales. Llegan a ser como ir a una "cita" con Jesús y pueden hacer mucho para ayudarle a crecer más cerca de Él. Al principio, puede parecer incluso una pérdida de tiempo, pero a medida que crezca su fe, los tiempos de meditación se convertirán en poderosos encuentros con Jesús que le impulsarán a permanecer conectado a Él durante todo el día.

5. Haga espacio en sus pensamientos para Su presencia

La Práctica de la Presencia de Dios es un libro de enseñanzas recopiladas de un hombre llamado Hermano Lawrence, un fraile carmelita del siglo XVII, que relata los esfuerzos de un humilde cocinero por mantenerse abierto y conectado a la presencia de Dios a lo largo de sus tareas cotidianas.[5] En su libro, el Hermano Lorenzo se centraba en volverse continuamente a Jesús en medio de su jornada para hablar con Él y permanecer consciente de que Jesús estaba con él. Se propuso no "abandonar Su conversación para pensar en nimiedades y tonterías".

Esto suena sencillo, pero si realmente intenta vivirlo, se dará cuenta rápidamente de que requiere todo el esfuerzo y la disciplina de un atleta olímpico. Tendrá que hacer algunos cambios significativos en la forma en que se desarrolla su vida para mantener su mente centrada o incluso consciente de que Dios está cerca. La vida de pensamientos de la mayoría de la gente está fuera de control. Cuando intenta aquietar su mente, rápidamente le asaltan la preocupación y el miedo, y su imaginación conjura todo tipo de escenarios que le distraerán o desanimarán.

La fe da a su corazón la capacidad de sentir y conocer a un Dios invisible. Este proceso de aprender a vivir en intimidad con Dios en todo momento es difícil al principio, cuando los músculos de su fe son débiles y su vida mental es bastante fuerte. Sin embargo, con cada elección de abrir su vida a Jesús, Él hará algo para demostrarle que está con usted y que Él es asombroso. Con el tiempo, su fe se fortalecerá.

6. Permanezca en el río de Su vida.

El Dios al que se usted se esfuerza por estar cerca está siempre presente. Está constantemente con usted y disponible para usted. A medida que aprende a "practicar Su presencia" o a "permanecer en Él", permitiendo que su corazón viva en conexión en todo momento con Él, usted se da cuenta de que usted ve las cosas incorrectamente. Su batalla no consiste en acercarse más a Él, sino en eliminar todas las demás cosas a las que su corazón se ha aferrado para ocupar Su lugar. En los momentos en que los límites de su fe no pueden verle a Él, usted acepta opciones de menor valor, o sin ningún valor. A medida que usted logra aquietar la mente y apartar las distracciones y los sustitutos, usted llena su corazón de Jesús. Aprenda a rendirse a su amor, a su guía y a su presencia.

Como un nadador que descansa en la corriente de un río, su tarea se convierte menos en tratar de pensar en Él y más en permanecer en la corriente de Su amor, entrenándose para no pensar en ninguna otra cosa. Cada vez que su corazón se conecta con Jesús, experimenta una paz y una dulzura sobrenaturales que nos permiten "probar y ver que el Señor es bueno'" (Salmo 34:8). Su corazón y su vida son entrenados por esta paz para buscarle a Él rápida y constantemente y, una vez que le ha encontrado, para que haga todo lo posible por permanecer cerca.

Desde el lugar de conectividad con el Señor, usted oye Su voz más clara y constantemente, y su vida se convierte en una aventura continua, vivida junto a Él- aprendiendo Sus caminos y experimentando Su amor. Vivir en intimidad en todo momento con el Señor sienta las bases para que usted crezca en una vida que Dios utilizará de forma poderosa para impactar las vidas de los demás mientras le conduce cada vez más profundamente a una relación significativa con Él, superando sus sueños de todo lo que creía posible.

Cuanto más se acerque a Él, más comprenderá lo íntimamente que Él le ama, le conoce y le ayuda, y descubrirá más formas de acercarse cada vez más. Tendrá sus propias formas específicas de acercarse a Él. Además de estos seis pasos, aprenderá qué le ayuda y qué no. Si puede aprender a vivir su vida en intimidad en todo momento con Él, todos los demás Elementos olvidados se vuelven infinitamente más accesibles. Su fe se elevará. Su vida cambiará. Y se encontrará en aventuras y propósitos con Él que nunca antes fueron posibles.

CAPÍTULO 10

VIVIENDO EN INTIMIDAD CON DIOS EN TODO MOMENTO: UN RESUMEN

El apóstol Juan fue el discípulo más cercano a Jesús, y esto sucedió porque eligió a Jesús cada vez que pudo. Ansiaba estar cerca de Él. No olvidó a Jesús ni por un momento. Lo amó y permaneció junto a Él, incluso cuando era difícil hacerlo.

Lo mismo ocurre cuando usted vive en intimidad con Dios en todo momento. Usted no puede amar a Dios cuando se olvida de Él. Cuando usted está íntimamente conectado, usted es consumido por Él. Usted es consciente constantemente de que Él está con usted, y anhela estar cada vez más cerca.

Vivir en intimidad en todo momento con Dios le llenará con la seguridad de que está bien, sin importar las circunstancias, porque Él está con usted. Este principio olvidado se ha quedado atrás debido a las otras numerosas voces que compiten por su atención y su corazón. No se entregue a ellas. La presencia de Él es la única que le ayudará, le sanará y le conducirá a una vida abundante.

En esta sección, exploramos cómo vivir en intimidad con Dios en todo momento a través de historias, razones por las que es importante hacerlo y pasos para aprender a vivir así su vida. A medida que profundice en la intimidad con Dios, sólo descubrirá más de Él. Sólo le amará más y así recibirá más de Él. Y usted será diferente gracias al tiempo que pase con Él.

¿Por qué aprender a vivir en intimidad con Dios en todo momento?

1. Pude oír la voz de Dios continuamente.
2. Es más fácil obedecer cuando oye hablar a Dios.
3. Desplaza los pensamientos negativos con alegría.
4. Usted florecerá, crecerá y dará frutos eficaces.
5. Se convertirá en una persona de Su presencia.

¿Cómo aprender a vivir en intimidad con Dios en todo momento?

1. Crea que Él existe.
2. Invite a Jesús a entrar en su corazón y tome la decisión de seguirle.
3. "Sienta" Su presencia por primera vez y luego haga lo mismo con más regularidad.
4. Reserve una parte de cada día para pasar tiempo a solas con Dios.
5. Haga espacio en sus pensamientos para estar en Su presencia.
6. Permanezca en el río de Su vida.

Cuanto más se acerque a su Padre, más saldrán a la superficie sus pecados y heridas. No deje que esto le estorbe. Este principio olvidado es fundamental y le conducirá a una forma de vida que le mantendrá alejado del caos y de las pautas inútiles del mundo. Viva en intimidad en todo momento con Él.

Cuanto más se acerque a su Padre, más saldrán a la superficie sus pecados y heridas. No deje que esto lo desaliente. Este principio olvidado es fundamental y lo conducirá a una forma de vida que lo mantendrá alejado del caos y de los patrones inútiles del mundo. La vida en intimidad en todo momento con Él está llena de Su paz, poder, ayuda y propósito. Usted no se aleja de Él porque no lo abandona y Él ciertamente nunca lo abandonará. Es una forma más plena y mejor, y una forma que necesitará aprender para vivir una vida de fe consecuente.

Principio olvidado tres

ACEPTANDO UNA VIDA DE FE Y SUFRIMIENTO

"Nos vemos atribulados en todo, pero no abatidos; perplejos, pero no desesperados; perseguidos, pero no abandonados; derribados, pero no destruidos. Dondequiera que vamos, siempre llevamos en nuestro cuerpo la muerte de Jesús, para que también su vida se manifieste en nuestro cuerpo."
(2 Corintios 4:8-10)

CAPÍTULO 11

PABLO COMO JESÚS: VARÓN DE DOLORES

Si tuviera que decidirse por dos "modelos de cartel" que influyeran en la gente para que se hicieran cristianos, casi seguro que pensaría en Jesús y Pablo.

Jesús, el "perfeccionador de la fe" (Hebreos 11:1), el que vino a mostrarnos lo que podía ser la vida, el que sufrió por cada una de nuestras iniquidades, es un primer pensamiento obvio de milagros, su muerte en la cruz y su resurrección tres días después para liberarnos de nuestro pecado son tan importantes que la historia se relata en su totalidad cuatro veces en la Biblia. Estos relatos se encuentran en los evangelios de Mateo, Marcos, Lucas y Juan. Cada libro de la Biblia que viene antes y cada libro que viene después apunta a Jesús.

Y luego está Pablo, alguien con quien podemos identificarnos más fácilmente: un hombre egoísta, empeñado en seguir su propio camino, interrumpido, cegado y vuelto hacia el Reino. El ministerio de Pablo repercutió en todo el mundo y sentó las bases de la iglesia cristiana moderna, además de ser autor de gran parte del Nuevo Testamento mientras vivió su fe guiado por Dios y Su plan.

Tras la ascensión de Jesús al cielo, el libro de los Hechos pasa a relatar la transformación de Pablo, que pasó de asesinar cristianos a extender el Reino. Leemos cómo Pablo y su pequeño equipo de misioneros difundieron el cristianismo mientras viajaban por todo el Imperio Romano, realizando milagros y estableciendo iglesias. La mayoría de los libros que siguen a Hechos en la Biblia son las "epístolas" de Pablo, o cartas escritas a iglesias jóvenes para ayudarlas a crecer.

Muchos consideran a estos dos hombres los más impactantes de toda la historia. Estos dos individuos son grandes luces cuyas vidas se nos presentan como las celebridades que ponemos en las portadas de las cajas de cereales para atraer a la gente a comprarlos. Las historias de Jesús y Pablo nos inspiran a vivir esa misma fe sobrenatural que tanto les definió. Queremos ser como ellos.

Jesús

Y, sin embargo, al mirar a estos dos, por muy significativos y de gran impacto que fueran, las palabras que aparecen en las páginas de la Biblia para describirlos y a lo que se enfrentaron son pesadas, intensas y llenas de sufrimiento. A Jesús se le predijo como el Mesías que sería "azotado, oprimido, afligido, juzgado, traicionado, acusado e Insultado", para enumerar sólo algunos de sus calificativos (véase Isaías 53). En cuanto a Pablo, su lista es famosa: "presionado, pero no aplastado, perseguido, pero no atribulados en todo, pero no angustiados; perplejos, pero no desesperados; perseguidos, pero no desamparados; abatidos, pero no destruidos, abandonado, abatido, pero no destruido" (2 Corintios 4). Pablo fue malinterpretado, acusado de herejía y sometido a juicio, amenazado, desterrado, encarcelado, naufragó, fue mordido por una serpiente, asesinado (resucitó) y finalmente martirizado.

Si estos dos hombres son los más grandes pregoneros o ejemplos del cristianismo, ¿quién en el mundo consideraría desearlos? Si una vida de fe significa una vida llena de dolor, sufrimiento e incomprensión, ¿quién en absoluto la elegiría?

Hay un elemento secreto en juego, una fuerza invisible, que es más fuerte que el sufrimiento y más profunda que la aflicción. Para Jesús y Pablo, su esperanza estaba anclada en el carácter y la provisión abundantes, suficientes y prodigiosos de Dios, lo que les permitía trascender los sufrimientos momentáneos que el mundo les causaba.

Para Jesús, lo insoportable de la cruz no fue ser traspasado, golpeado y desgarrado, sino haber sido separado del Padre, lo que le obligó a suplicar una copa diferente (véase Mateo 26:39).

Pablo fue tan plenamente cautivado por este Dios que lo apartó para el propósito del evangelio, que continuamente era arrestado, sacado clandestinamente, solo para regresar a sus amadas iglesias.

Aunque nadie lo quiere, todos sufriremos y sufrimos. Lo que nos atrae de Jesús y de Pablo no es el dolor por el que pasaron, sino que de algún modo sus vidas trascendieron el sufrimiento humano para encarnar y demostrar la paz, el amor, la alegría y la transformación sobrenaturales.

Sin embargo, Jesús y Pablo nos muestran que ese ofrecimiento no es cristiano en absoluto. Está mucho más cercano a la búsqueda del "nirvana" en el hinduismo, que se define como "un lugar o estado de felicidad en el que se olvida la preocupación o el sufrimiento".

A menudo, nuestras preferencias son impulsadas por el miedo y motivadas por la evasión del dolor. Vivir así nos empequeñece y nos obliga a ser autosuficientes, egocéntricos y a estar encadenados con la autoprotección y la búsqueda del interés propio.

La esperanza es un camino alternativo, y fue una fuerza motriz para nuestros dos héroes.

A menudo malinterpretamos lo que es la esperanza: "Esperamos" que las cosas sean diferentes algún día. Tenemos la "esperanza" de que cambiaremos. Pero la esperanza no es un pensamiento vago ni una forma de desear. La esperanza es un ancla que nos sujeta a una promesa que aún no hemos visto cumplida. La esperanza es sustantividad cuando nuestro propio yo y nuestro ser carecen de fuerza. La esperanza es la capacidad de soportar las dificultades durante los días, las semanas, los años, las décadas que se necesitan para ver cumplido un sueño, una vocación, un propósito.

"La fe demuestra la realidad de lo que esperamos; es la evidencia de las cosas que no podemos ver."

Jesús descendió del Cielo para sufrir como nosotros; la Biblia dice que fue tentado en todo como nosotros (Véase Hebreos 4:15). Isaías dice que no había nada atractivo en Él, para que lo deseáramos (Véase Isaías 53:1). Fue tentado por el enemigo. Fue escarnecido y desacreditado por los líderes de Su tiempo. Tuvo que soportar a los discípulos en su desorden y desobediencia. Fue negado por Su familia y finalmente por la mayoría de sus seguidores más cercanos. Y por supuesto, en la cruz, soportó el sufrimiento que todos merecíamos a causa de nuestro pecado.

Pero Jesús no estaba abatido. Estar cerca de Él era tener acceso a Dios de una forma nunca antes posible. Un toque de Su manto quitaba la enfermedad. Jesús era alegre; tenía sentido del humor. Aunque se le impuso el mayor sufrimiento que jamás habrá, su historia está definida por la humildad, por la cercanía a su Padre, por ser sido provisto y completamente amado, por el compromiso total con Su misión.

Pablo

Y, sin embargo, Pablo escribió repetidamente en sus cartas sobre la esperanza. Animó a las iglesias en su camino con el Señor, y no consideró que su propia vida tuviera ningún valor para él: estaba decidido a completar el ministerio que Jesús le había encomendado. Era un instrumento del Señor, apartado específicamente para una misión única entre los gentiles.

Abrazar una vida de fe y sufrimiento no puede tener que ver en absoluto con el sufrimiento. Ya sufríamos sin el Señor y su trasformación, debido al pecado de nuestros corazones destrozados y desordenados. En el Señor, seguimos sufriendo. Después de todo, estamos llamados a tomar nuestra cruz, negarnos a nosotros mismos y seguirle. Seremos incomprendidos y rechazados por el mundo que nos rodea. El Señor nos llevará a los lugares más duros, a los lugares más oscuros. Pero no le seguimos para sufrir; le seguimos porque hay vida, vida abundante, que es más grande y está más allá del sufrimiento. Nos ofrece cosas que el sufrimiento no puede tocar ni quitarnos.

Y a medida que usted sea fiel en seguirle, incluso cuando le duela, Su Espíritu Santo edificará en usted la fe y una esperanza que simplemente no le soltará, incluso ante la sacudida del mundo entero. Sus motivaciones cambiarán; ya no considerará el sufrimiento como el coste. Lo verá como una oportunidad para profundizar más intensamente en Su consuelo y amor para mantenerse a pesar del obstáculo. El sufrimiento parecerá casi imperceptible cuando usted esté más cerca de Él. Lo verá todo como "gran ganancia", llegar a estar con el Señor en Su obra redentora para su vida y las vidas de los demás.

Crecer en esta esperanza, esta capacidad de aferrarnos a nuestra fe, a lo que Dios nos ha dicho, que incluso ante las mayores dificultades, hace que nuestra vida sea como la de Jesús y la de Pablo. Encontramos un lugar de íntima comunión con Dios que nos sale al encuentro, nos consuela y nos sostiene en las llamas de la adversidad. Nos convertimos en vencedores, con vidas marcadas por la paciencia, la perseverancia y el poder que cambian y transforman la vida de las personas en el camino hacia la transformación del mundo.

Este principio olvidado es alucinante y nada intuitivo al mismo tiempo. La mayoría de la gente acude a la fe porque está cansada, agotada y destrozada por el dolor de sus propias elecciones y pecados. ¿Por qué alguien abrazaría entonces una vida de fe y dolor? Aun cuando sea fácil imaginar que a menudo se olvide este principio, es importante que sepamos por qué es necesario. Seguir a Jesús significa seguirle en sus caminos de vida, y se nos pedirá que le sigamos en cosas que van en contra de lo que es natural para nosotros y de lo que tiene sentido en el mundo. Recuerde que Él le dará esperanza y ayuda cuando vaya con Él y sepa que estar con Él, incluso cuando haya sufrimiento, merece mucho más la pena que cualquier consuelo que pueda encontrar por su cuenta. En los capítulos siguientes, leerá más historias y recibirá ayuda práctica para que pueda profundizar en por qué este principio es fundamental para su vida.

CAPÍTULO 12

UN VISTAZO A UNA VIDA DE FE Y SUFRIMIENTO

Vi a Kathy por primera vez en un centro comercial turístico abarrotado de gente. Las dos trabajábamos en tiendas situadas una enfrente de la otra. Me enamoré de ella al instante. Era preciosa: la princesa que había estado buscando toda mi vida. Al final de aquella noche, teníamos los nombres de nuestros futuros hijos escritos en una servilleta. Un año después, casi al día siguiente, nos casamos. Después de crecer en situaciones difíciles y dolorosas, Kathy y yo hicimos todo lo posible para asegurarnos de que nuestra relación estuviera en la voluntad de Dios. Ambos éramos nuevos seguidores de Jesús. Permanecimos cerca de la pareja que nos discipulaba y trabajamos duro en nuestras funciones como pastores de jóvenes en nuestra iglesia. Orábamos todos los días para que Dios nos sacara de nuestros complicados pasados para construir un matrimonio fuerte.

Diez meses después, estaba llorando en el suelo de mi sala de estar. Kathy se había marchado. El dolor era abrumador. Noche tras noche, gritaba hasta quedarme dormido. El enemigo que Jesús había derrotado tan claramente se había metido en nuestras vidas y se había llevado a mi esposa. Por primera vez en mi vida, seguir a Jesús no era bonito. Era horroroso.

Un día, en el trabajo, clamé a Dios: "¿Por qué me haces esto? Te amo y Tú trajiste a Kathy a mi vida. Oramos y te preguntamos y Tú nos mostraste que era Tu voluntad que estuviéramos juntos. ¿Por qué permitiste que esto sucediera? ¿Cómo pudiste dejar que se perdiera?" El Señor respondió con una fuerza y una esperanza que me sorprendieron casi tanto como sus palabras: "No quieres hacer eso. No quieres empezar a preguntarte por qué ahora mismo. Si empiezas a cuestionar por qué estoy haciendo esto, tendrás que cuestionar todo lo que he hecho por ti: salvarte, traerte a casa conmigo ... todo".

Al año siguiente, me mudé a otra ciudad para estar en una comunidad donde pudiera recibir el apoyo que necesitaba. La gente de mi iglesia me abrazó mientras lloraba. Oraron por mí, me dieron de cenar y me invitaron a formar parte de sus familias. La desesperación de la situación me acercó cada vez más a Dios y a un nivel de dependencia que nunca antes había experimentado. Debido a mi quebrantamiento y a la necesidad momentánea que tenía de que Jesús lo fuera todo para mí sólo para poder pasar el día, mi dependencia se derramó sobre todos los que me rodeaban. Comenzaron a suceder historias milagrosas. La gente comenzó a conocer a Jesús mientras yo veía el poder de Dios en formas que antes sólo había leído. Aun así, Kathy se había ido.

Un día, saliendo de un autoservicio de Taco Bell, oí al Señor decir: "No confías en mí". Le respondí rápidamente, mientras engullía un taco blando, que por supuesto que confiaba. Pero Él repitió: "No confías en mí". Después de ir y venir con Él durante unos minutos, mi voz se quebró y las lágrimas empezaron a correr por mi cara y le dije: "¿Cómo puedo confiar en ti? Acabas de darme el regalo más hermoso y luego me has hecho verla marcharse y ser destruida. ¿Cómo puedo confiar en ti?" El Señor respondió, casi con tono juguetón: "Estupendo. Ahora te estás relacionando conmigo honestamente".

A los pocos meses, sonó mi teléfono. Era Kathy. Quería saber si podía volver a casa. Quería saber si podría volver a amarla. Le dije que nunca había dejado de hacerlo. Nuestro viaje a partir de ahí no fue fácil, pero habíamos aprendido un secreto: Dios es amoroso y poderoso. Él nos protege del enemigo, pero edifica nuestros corazones para que seamos capaces de seguirle incluso "mientras caminamos por el val- ley de la sombra de muerte". Aprender a seguirle, incluso cuando duele, nos ha llevado más cerca de Él y más profundamente hacia sus propósitos.

CAPÍTULO 13

¿POR QUÉ ABRAZAR UNA VIDA DE FE Y SUFRIMIENTO?

Usted es llamado para seguir a Jesús, y eso significa ir con Él en su propósito y en el camino que Él indique. Su camino no era el más popular ni el más fácil; muchos se apartaron, le negaron o crucificaron a Jesús porque no podían o no querían creerle a Él ni a lo que decía. Jesús y quienes le siguen están llamados de por vida a llevar el Reino de luz de Dios a un mundo en tinieblas y herido. Nunca es un desplazamiento fácil; el pecado y el dolor que hay en usted y en los demás harán todo lo posible por resistirse y luchar para evitarlo (esta es la razón del dolor y el sufrimiento).

Pero Jesús ha superado todo, y Él le dará toda la fe, la esperanza y la ayuda que necesita para permanecer firme en medio de las batallas, para ver Sus grandes propósitos en acción, y para no ser dañado en medio de la dificultad y el dolor. Si se rinde cuando hay dolor, se perderá algunas de las mejores partes de estar con Él: aprender a trascender el sufrimiento, tomar parte en la victoria del bien sobre el mal en la vida de los demás y llegar a estar con Él en todo momento y, de todas formas. Las siguientes son seis razones específicas por las que es importante abrazar una vida de fe y sufrimiento.

1. Su fe se profundiza.

Para muchos de nosotros, la palabra "fe" parece describir alguna sustancia misteriosa que sabemos que necesitamos pero que no entendemos. La Biblia se vale de hombres y mujeres a lo largo del Antiguo y del Nuevo Testamento para mostrarnos que, en realidad, la fe no es más que oír lo que Dios nos dice (o recibir sus instrucciones) y honrar al Señor respondiéndole. Le dijo a Abraham que saliera y Abraham lo hizo (véase Génesis 12). Envió a Moisés a una misión y Moisés, aunque a regañadientes, la aceptó (véase Éxodo 3-12). Jesús sólo hizo lo que el Padre le dijo que hiciera y sólo dijo lo que el Padre le dijo que dijera (véase Juan 5:19). Jesús llamó a Pedro para que caminara sobre las aguas y Pedro respondió (véase Mateo 14:22-29). Así es la fe.

Si bien se necesita fe para escuchar y responder a cualquier cosa que Dios diga, algunas de Sus palabras requieren más fe que otras. Las decisiones y los pasos de obediencia más pequeños que corresponden a las situaciones de su vida y a su cultura actuales requieren menos fe que cuando Dios le pide que haga algo que parece imposible. Abraham se enfrentó a lo que el filósofo danés Søren Kierkegaard llama "la noche oscura del alma" cuando Dios le pidió que tomara a su hijo, el hijo que le había prometido el Señor, subiera a una colina y lo sacrificara a Dios (véase Génesis 22:1-19).

Kierkegaard llama a esto "la suspensión teleológica de lo ético": cuando Dios pide que se haga algo que parece incorrecto.[6] La historia termina con Dios proporcionando a Abraham un carnero en un matorral para que lo sacrifique en lugar de su hijo, pero Abraham demostró una profunda fe en la bondad de Dios al no haberse devuelto horrorizado camino a la montaña. en un matorral para que lo sacrifique en lugar de su hijo, pero Abraham demostró una profunda fe en la bondad de Dios al no haberse devuelto horrorizado camino a la montaña.

Una vida de fe requiere que usted viva, no por la apariencia exterior, sino por "toda palabra que sale de la boca de Dios" (Deuteronomio 8:3). Usted aprende, como atleta espiritual, a confiar en Dios y a seguirle incluso cuando parece que hacerlo es imposible o le costará todo. Dios no dice cosas extravagantes para provocarlo o para ser cruel, sino para entrenarlo a crecer en la confianza en Su bondad, Su fidelidad y Sus caminos. Esto puede acarrearle sufrimiento, pero le conducirá a una vida que ya no estará limitada por las circunstancias, las emociones o las decepciones, y profundizará su fe, antes débil. Si vive en la fe, será libre para obedecer y caminar con el Dios que creó nuestro universo con su voz.

2. Usted es liberado de la celda en la cárcel de sí mismo.

Cada uno de nosotros se encuentra en un desierto personal y desconectado de Dios, atado por el egoísmo que produce vidas estrechas y muertas. Jesús entra en su mundo sin vida y le demuestra un amor desinteresado que busca continuamente el bien de los demás. Al seguir la voz y la presencia de Dios para "vivir una vida de amor" (Efesios 5:2), el primer cautivo liberado es usted. Pedro escribió: "Por lo tanto, ya que Cristo sufrió en el cuerpo, que la misma actitud sea la suya; porque el que ha sufrido en el cuerpo ha roto con el pecado" (1 Pedro 4:1). El sufrimiento es una invitación real a escapar de un modo de vida defensivo, auto-consumista y de sobrevivencia, para vivir en cambio una vida libre para amar, compartir y ayudar a los demás. El sufrimiento nos reeduca para ver que la búsqueda constante de lo que nos hace sentir bien o parece bueno a menudo nos aleja de muchas de las cosas de la vida que son verdaderamente buenas.

3. Su vida está llena de Su amor, y usted es consolado en medio del sufrimiento.

"Pues, así como participamos abundantemente en los sufrimientos de Cristo, así también por medio de él tenemos abundante consuelo" (2 Corintios 1:5). Nuestro profundo deseo es ser amados. Después de buscar el amor en todos los lugares equivocados, en Jesús encontramos, por fin, lo

que hemos estado buscando: consuelo. Nuestro corazón fue diseñado originalmente para ser un conducto constante de la voz de Dios. Fuimos hechos para caminar en estrecho contacto con Él, escuchando y respondiendo a su voz y hablándole en respuesta. Fuimos hechos para una relación íntima construida en torno a la conversación y la interacción. Ésta es la "imagen de Dios", la forma real en que el Padre, el Hijo y el Espíritu Santo se relacionan entre sí y es para lo que fuimos hechos.

Perder esto en el Huerto fue como para un caminante en el desierto perder su provisión de agua. Cada día sin comunión con Dios quema su corazón como el calor abrasador del sol y el soplo seco del viento caliente. Al abrir su corazón a Jesús, la fuente de amor que una vez perdió viene corriendo, y usted experimenta refrigerio, alivio y salvación. Así es recibir consuelo de Dios. Jesús nos toca con el "río cuyas corrientes alegran" nuestro corazón y nuestra mente (véase Salmo 46:4), y somos inundados de paz, descanso, satisfacción, contentamiento y seguridad.

Después de estar en un lugar fresco bebiendo toda el agua que pudiera desear, una persona tiene mucha más capacidad para volver al calor del desierto a rescatar a otros. Habiendo recibido ahora consuelo de Dios, con su corazón rebosante en la paz de estar bien con Él, experimenta compasión por otros que aún no han experimentado la misma dulzura. Incluso descubrirá que mientras va a consolar a los quebrantados de corazón y ve que las personas que sufren encuentran ayuda, el Espíritu Santo va con usted, y usted se refresca por el camino. Este es un poderoso secreto: lo que para otros sería un sufrimiento terrible, para nosotros es diferente. Milagrosamente, incluso cuando nos enfrentamos al rechazo, al ataque, al abuso, a ser malinterpretados y perseguidos por la gente mientras entregamos nuestra vida para amarles, el Espíritu Santo sigue dándonos consuelo y paz. Cuanto más nos calumnian y maltratan las personas, más profundamente experimentamos el amor de Dios: "Alabado sea el Dios y Padre de nuestro Señor Jesucristo, Padre de compasión y Dios de todo consuelo, que nos consuela en todas nuestras tribulaciones, para que podamos consolar a los que están en alguna tribulación con el consuelo que nosotros mismos recibimos de Dios" (2 Corintios 1:4-5).

4. Usted conocerá a Jesús y su poder y así llegará a ser como Él al trascender el sufrimiento de este mundo.

"Quiero conocer a Cristo: sí, conocer el poder de su resurrección y participar en sus sufrimientos, haciéndome semejante a él en su muerte" (Filipenses 3:10). Muchas veces al día, incluso en las iglesias, podemos caer en la trampa de creer que la experimentar la presencia de Dios sólo se encuentra en las vivencias emocionales de música bonita interpretada por gente bonita en auditorios bonitos con ambientes bonitos. Hacerlo así forma a la próxima generación de líderes jóvenes que creen que las cosas de Dios siempre y únicamente se sentirán bien, sonarán bien y tendrán buen aspecto, a juzgar por la apariencia exterior. Esto forma a estos líderes de una manera que se pierde mucho de lo que Jesús es realmente como el "varón de dolores".

Jesús a menudo iba en dirección contraria a la de la multitud. A menudo decía cosas que eran difíciles de entender para la gente sin fe o que eran una ofensa para Sus oyentes. Muchas veces en la actualidad, vemos cómo el mundo en general rechaza la religión y a Jesús, no porque no se sientan atraídos por Jesús, sino porque no ven nada especial o real en quienes representan el cristianismo. Sus corazones están abiertos, anhelándole, pero ven poca conexión entre la superficialidad de los llamados "cristianos" y Aquel que atrae sus corazones.

El sufrimiento es un camino que nos lleva fuera y lejos de la cultura y la religión popular y nos lleva a conocer a Jesús. Él no es la versión pre envasada y hollywoodiense de un salvador que muchos presentan, sino que es más parecido al león Aslan de la serie Narnia de C.S. Lewis, que es inseguro, pero es bueno (Las crónicas de Narnia).7 Cuando usted comienza a oír su voz, sus pensamientos y su voluntad para experimentar su presencia y ser guiado por Su Espíritu, está en contacto con el poder que levantó a Jesús de la tumba hace 2.000 años. Este poder comienza a fluir a través de su vida, y usted ve milagros y las vidas de las personas comienzan a ser cambiadas de la misma manera que su vida ha sido cambiada.

Cuando usted se enamora tanto de Él que permanecer

cerca de Él es su deseo más profundo, se encuentra entrando con Él en circunstancias incómodas que incluyen pérdidas, rechazos y cosas peores. Sin embargo, apenas se da cuenta de que estas cosas están sucediendo porque sus ojos están puestos en Él y está disfrutando de Su compañía, Sus palabras y Su vida. A medida que se produce esta experiencia cada vez más profunda de comunión con Él y de consuelo por parte de Él, su vida se vuelve como la de Él, trascendiendo el sufrimiento en lugar de evitarlo.

5. Usted crece en esperanza.

La fe viene cuando Dios nos habla y nos guía a la acción. Cuando Dios habla y creemos lo que dice, eso se llama fe. Sin embargo, cuando Dios ha hablado y todo lo que nos rodea no demuestra inmediatamente las promesas o palabras de Dios, a esto lo llamamos "esperanza". Hebreos 11 dice que "la fe es tener confianza en lo que esperamos, les tener certeza de lo que no vemos" (Hebreos 11:1). La esperanza toma la sustancia de lo que hemos oído y se aferra a ella, permitiéndonos sufrir a través de la espera de lo que creemos que vendrá, pero no podemos ver. Muchas de las personas sobre de las que leemos en las Escrituras murieron antes de que se cumplieran algunas cosas que Dios les había dicho. Esto puede sonar triste, pero en realidad es una forma de vivir que permite que se logren grandes cosas.

Romanos 5:3-5 dice: "No sólo eso, sino que también nos gloriamos en nuestros sufrimientos, porque sabemos que el sufrimiento produce perseverancia; la perseverancia, carácter; y el carácter, esperanza, y la esperanza no defrauda". La esperanza está ligada al carácter, que es la capacidad de hacer lo correcto, aunque nos duela. Este carácter produce perseverancia, la capacidad de sufrir durante largos periodos de tiempo sin detenerse. La perseverancia le proporciona una larga lista de capacidades como la paciencia, la resistencia y otras cosas que le permiten ser amable, amar realmente y ayudar a los demás, incluso y especialmente cuando duele. El sufrimiento es a la vez la escuela que desarrolla la esperanza que nos permite perseverar, abriendo nuestra vida más profundamente a una vida como la de Jesús y a asociarnos con Él para poder influir en la vida de los demás.

6. Usted aprende a vivir una vida de amor que ayuda a los demás.

El sufrimiento transforma a quien lo padece, y también es una herramienta poderosa para alcanzarlo e impactarlo. Pablo escribe en Romanos 2:4 que "la bondad de Dios tiene por objeto llevarle al arrepentimiento". La palabra griega para bondad es *chrestotes*, que se define como "satisfacer necesidades reales, de la manera que Dios dispone, en Su tiempo".8 Cuando Jesús hizo milagros en sus tres años de ministerio, lo hizo por *chrestotes* o bondad, demostrando a los demás que el Reino de Dios era la respuesta a los problemas que enfrentaban, lo que incluía acceder a Su poder que podía ayudarles.

Cuando Jesús ayudó a un ciego a ver (véase Marcos 8:22- 26) o a un cojo a caminar (véase Mateo 9:1-8) o cuando se dirigió a una mujer adúltera y le dijo que estaba perdonada (véase Juan 8:1-11), estaba entrando en la vida de la gente, quitándole las cargas tóxicas que la estaban destruyendo. Estas bondades eran demostraciones tan significativas del amor y el poder de Dios que la mayoría de la gente creía en Él y luego le seguía. Él usó estos milagros para mostrarles que Él era todo lo que necesitaban.

Esta forma de entrar en la vida de los demás para ayudarles requirió que Jesús considerara a los otros antes que a sí mismo. En este sentido, una definición básica del ministerio es dedicar su vida a satisfacer las necesidades de los demás por encima de las nuestras. Cuando usted empieza a vivir por fe, Jesús le invita a ser uno con Su corazón para con la gente. Usted percibe Su corazón por las personas que sufren a su alrededor: el cajero del banco, la cajera del supermercado, un familiar en su mesa o un compañero de trabajo en su oficina. A medida que presta atención a lo que Él imprime en su corazón, comienza a responder. Entabla una conversación y observa cómo el Espíritu Santo abre espacio para que usted demuestre interés y escuche, ayude y ore con ellos y por ellos para que Dios les ayude.

A veces, Dios se mueve en su vida de forma visible, ayudándoles inmediatamente. Más a menudo, sin embargo, Dios requiere que se muevan más lentamente, edificando una conexión y luego una amistad que se gane su confianza y más adelante les impacte. Este trabajo de seguir a Jesús en el cuidado de los demás requiere que usted abandone sus propias inquietudes para poder entrar en las preocupaciones de otra persona, y esto es una forma de sufrimiento en sí mismo. Uno acaba negándose a sí mismo para seguir Su dirección hacia la vida de otra persona. Sin la capacidad de vivir por fe y de abrazar el dolor o la incomodidad, usted no tendría la capacidad de participar con Jesús en esta parte de " sus sufrimientos" y, como resultado, se perdería de presenciar "el poder de su resurrección" (Filipenses 3:10) cuando Él toque poderosamente su vida.

Con el tiempo, Jesús lo capacitará para que busque estas oportunidades con mayor diligencia, de modo que pueda amar a los demás sacrificadoramente. Su preocupación por las personas que sufren puede hacer que a veces arremetan contra usted, lo ataquen o lo malinterpreten. Su compromiso con Jesús de cuidar de una persona que aún no ha encontrado la fe será a menudo malinterpretado y les hará sospechar de sus motivos, o Dios por alguien y decide amarle incluso cuando eso lo expone a ser objeto de maltrato, se hace posible que la gente vea que es el amor ágape de Dios lo que le motiva.

Cualquier otro tipo de amor que experimente, incluido el amor romántico, la amistad y los vínculos familiares, nos retribuye con cierta reciprocidad. Amamos porque somos amados. El amor ágape es diferente en el sentido de que no exige nada a cambio. El amor que vemos en Juan 3:16, "Porque tanto amó Dios al mundo que dio a su Hijo único, para que todo el que cree en él no se pierda, sino que tenga vida eterna." es amor ágape. Incluso cuando amarnos significó que Jesús fuera rechazado, acusado, condenado y crucificado, Él continuó amándonos. El amor ágape es sacrificado y, por eso, es capaz de alcanzar y amar a quienes nadie más podría. Cuando aprendemos a seguir a Jesús en fe para amar a las personas que no nos devuelven amor, se nos da una poderosa oportunidad de demostrarles este amor ágape sobrenatural, dado por Dios, impulsado por Dios, y ellos quedan impactados por su poder.

No es posible vivir una vida sin dolor. Usted soportará el dolor de su pecado por su cuenta, intentando constantemente sedarse o distraerse del dolor, o participará en un dolor productivo. No se trata del "dolor por tener dolor", sino del dolor para aprender a soportar, edificar la fe, esperar en Él y ver su vida y la vida de los demás transformadas para bien. El versículo de Filipenses 3:10 es un resumen perfecto del propósito de aprender a vivir una vida de fe incluso cuando hay dolor: "Quiero conocer a Cristo; sí, conocer el poder de su resurrección y participar en sus sufrimientos, llegando a ser como él en su muerte". La cuestión no es si sufrirá, sino si sufrirá por la justicia, la paz, la alegría y las demás promesas del Señor. ¿Aprenderá a seguirle, incluso cuando sea incómodo, costoso, feo e incomprendido? Cuando lo haga, "llegará a ser como Él", podrá estar con Él, verá a la gente liberada de mentiras y heridas, y entonces descubrirá el incomparable poder de seguir a Jesús en la vida para la que fue hecho.

CAPÍTULO 14

CÓMO ABRAZAR UNA VIDA DE FE Y SUFRIMIENTO

No hay forma de abrazar una vida de fe y dolor sin una relación significativa y sustantiva con Jesús, ni hay razón alguna para hacerlo. Abrazar una vida de fe incluso cuando hay sufrimiento sólo es posible cuando uno permanece lo suficientemente cerca de Dios como para oírle decirle dónde debe ir y para recibir de Él todo lo que necesitará para mantenerse en medio de las momentos difíciles y dolorosos. Este principio olvidado es imposible de alcanzar sin escuchar y obedecer Su voz y vivir en intimidad con Dios en todo momento. Usted necesitará su cercanía y dirección para saber absolutamente que está donde tiene que estar y que está superando lo que tiene que superar. Cada pieza es crítica para la otra, y verá cómo se edifican una sobre la otra. Esta tercera pieza no es una excepción. Las siguientes son cinco formas en las que puede aprender a abrazar una vida de fe incluso cuando hay dolor.

1. Tome su cruz, niéguese a sí mismo y sígale.

Jesús enseña a sus discípulos que no hay otro camino a Dios, a la plenitud de vida y al poder milagroso sin seguirle a Él. En sus primeros momentos con los discípulos, Jesús les llama ordenándoles que le sigan. Y nos lo repite una y otra vez a nosotros: Tenemos que seguirle. Le seguimos en Sus caminos para buscar primero el Reino de Dios. Le seguimos en Su ministerio a los demás a través del ministerio de Dios primero a nosotros. Y lo más importante, le seguimos hasta la cruz, donde entregamos nuestras vidas. Morimos a nosotros mismos y resucitamos con Él a una nueva vida.

Esta es quizá la parte más descabellada y difícil de los mandamientos y caminos de Jesús. Pero no hay camino hacia las cosas que usted necesita y desea, como Su cuidado, provisión, milagros, sin encontrarse primero con la cruz. Aunque ciertamente es más conveniente y menos doloroso cuando usted no participa en este tipo de sufrimiento, también es cierto que no llega a vivir una vida de fe plena sin esta parte: tomar la cruz de negar su viejo yo y todos sus caminos para seguirle a Él. No llega a llevarse nada de los caminos muertos en este viaje, ni siquiera los que le gustan, le reconfortan o "no son tan malos".

Por extremo que suene y por dramático que pueda parecer, lo asombroso de tener una experiencia de cruz es que conduce a la vida. La crucifixión de su viejo yo le lleva a un acceso profundo y poderoso a su Espíritu Santo, y a la promesa que le permitirá trascender el sufrimiento y caminar de forma eficaz en la fe. Este camino conduce a que cada parte de usted sea cuidada y consolada por Dios mientras camina hacia las profundas y sobrecogedoras aventuras que anhela.

2. Escuche lo que Dios le dice y hágalo.

No puede ni debe procurar el sufrimiento, porque sufrir por sufrir es una tontería. Su objetivo debe ser escuchar y responder a la voz y dirección de Dios. Cuando Él diga ve, usted va. Cuando Él diga di algo, usted habla. Abrazar una vida de fe y dolor significa que usted no puede permitir que el sufrimiento, la ambigüedad, la incomodidad e incluso la persecución le disuadan o le desanimen de seguir a Jesús o de obedecer su voz.

3. Cuando el dolor y la presión lleguen, deposite sus cargas en Jesús.

Incluso cuando responda a la voz de Dios y llegue el

sufrimiento, no debe sufrir en silencio ni soportarlo por su cuenta. Estos momentos de sufrimiento requieren que se vuelva a Dios inmediatamente y le pida ayuda como le indican las Escrituras: Incluso cuando responda a la voz de Dios y llegue el sufrimiento, no debe sufrir en silencio ni soportarlo por su cuenta. Estos momentos de sufrimiento requieren que se vuelva a Dios inmediatamente y le pida ayuda como le indican las Escrituras: "Echa tu carga sobre el Señor y Él te sostendrá; Él nunca permitirá que el justo sea sacudido" (Salmo 55:22); "Echa todas tus preocupaciones sobre Él, porque Él cuida de ti" (1 Pedro 5:7); y "Quien encuentre su vida la perderá, y quien pierda su vida por mi causa la encontrará" (Mateo 10:39).

Jesús ordenó a sus seguidores que no se preocuparan por sí mismos porque su Padre celestial cuidaría de ellos (véase Mateo 6:26). Echar sus preocupaciones" sobre Dios es acudir a Él después de que sucedan cosas que le causen ansiedad o malestar, pidiéndole que le ayude. Él es bueno y fiel, y no le dejará solo para que afronte más de lo que pueda

4. Reciba Su cuidado, consuelo y consolación.

En tiempos de sufrimiento por la fe, usted debe clamar a Dios y Él le proporcionará su ayuda. Un Padre cruel le enviaría un sufrimiento sólo para abandonarlo y permitir que le hagan daño. Pero nuestro Padre es consistentemente bueno. Aunque Él puede aprovechar la oportunidad para enseñarle a esperar, a ser paciente, o incluso a crecer más profundamente en la fe, Él estará con usted para protegerlo y consolarlo. Cada aspecto de su dolor será tratado por Su ministerio hacia usted. De hecho, recibirá Su consuelo en la medida en que usted sufra.

Una de las mejores formas de experimentar las expresiones más profundas del amor, el cuidado y el consuelo de Dios es dando un paso de fe en los momentos que lo requieran. Él es fiel y no permitirá que nada lo separe de su amor, como nos recuerda Pablo: "¿Qué diremos frente a esto? Si Dios está de nuestra parte, ¿quién puede estar en contra nuestra? El que no escatimó ni a su propio Hijo, sino que lo *entregó por todos nosotros, ¿cómo no habrá de darnos generosamente, junto con él, todas las cosas? ¿Quién acusará a los que Dios ha escogido? Dios es el que justifica. ¿Quién condenará? Cristo Jesús es el que murió e incluso resucitó y está a la derecha de Dios e intercede por nosotros. ¿Quién nos apartará del amor de Cristo? ¿La tribulación o la angustia, la persecución, el hambre, la desnudez, el peligro o la espada? Así está escrito: 'Por tu causa siempre nos llevan a la muerte; ¡nos tratan como a ovejas para el matadero!'".*

> *Sin embargo, en todo esto somos más que vencedores por medio de aquel que nos amó. Pues estoy convencido de que ni la muerte ni la vida, ni los ángeles ni los demonios, ni lo presente ni lo por venir, ni los poderes, ni lo alto ni lo profundo, ni cosa alguna en toda la creación podrá apartarnos del amor que Dios nos ha manifestado en Cristo Jesús nuestro Señor* (Romanos 8:37-39).

5. Hágase el propósito de amar a los demás guiado por el Espíritu Santo.

A medida que usted reciba más y más del consuelo y el amor de Dios, tendrá más y más para compartir con las personas dolidas a su alrededor. Su corazón se parecerá cada vez más al de Él por las personas que sufren. El propósito de su vida será entonces transcurrir cada día buscando las oportunidades para escuchar Su voz y cuidar de las personas de su mundo. El difunto traductor de la Biblia Wycliffe, el Dr. Dow Robinson, solía decir: " ¡Usted no tiene ni idea de las molestias que se toma Dios para decidir quiénes van a ser sus vecinos!". Dios es soberano y elige a las personas que le rodearán cada día y de las que Él se ocupará a través de usted: *"Por tanto, imiten a Dios como hijos muy amados y lleven una vida de amor, así como Cristo nos amó y se entregó por nosotros como ofrenda y sacrificio fragante para Dios"* (Efesios 5:1-2).

Una aclaración respecto a "abrazar una vida de fe y dolor." Abrazar una vida de fe y sufrimiento es alejarse de una vida de auto-consueló a cambio de seguir las palabras y los caminos de Jesús. A medida que se haga, habrá momentos incómodos, difíciles y dolorosos para su carne y su alma.

Abrazar esa vida de fe y sufrimiento es la práctica de cambiar ese dolor por la fe en lo que Dios dice. Y con el tiempo, usted transcenderá el dolor hacia una vida de servicio desinteresado.

Le animamos para que contemple constantemente a Jesús como su ejemplo: una vida en la que sólo diga y haga lo que Dios ha dicho. Cuando Jesús sufrió, fue bajo la dirección del Espíritu en el momento adecuado para el propósito final del gran plan de redención de Dios.

Este artículo no anima ni aprueba la búsqueda de situaciones abusivas y peligrosas en las que se estén aprovechando de usted o le estén haciendo daño, ni le obliga a estar en un lugar que permita la desobediencia de los demás. Si siente que se encuentra en una situación en la que se están aprovechando de usted o en la que se siente inseguro a manos de otros, acuda a las autoridades espirituales en su vida en las que pueda confiar y aléjese de esa situación inmediatamente.

CAPÍTULO 15

ABRAZAR UNA VIDA DE FE Y SUFRIMIENTO: UN RESUMEN

Jesús y Pablo son nuestros ejemplos en la fe. Jesús nos mostró cómo vivir perfectamente unidos al Padre. Pablo, un ejemplo más desordenado y pecador, nos demuestra hasta qué punto el Señor nos redime y nos usa como personas derrotadas para vivir vidas de fe. Estos dos hombres cambiaron el mundo con su vida, y las historias de ambos están llenas de circunstancias difíciles y dolorosas.

Dios no nos promete una vida de éxtasis sin dolor. Adormecidos y alejados del dolor, nos perderíamos una parte importante de la experiencia de la fe. Dios le conducirá a situaciones duras y difíciles, no muy distintas de aquellas de las que le salvó, con el fin de usarle para desplazar la oscuridad por la luz. Cuando lo siga a Él, será liberado del dolor de su propio quebrantamiento, y será llamado a una vida en la que ayudará a otros a tener la misma experiencia.

Esta no es una razón para estar ansioso o retroceder. Es

en realidad una motivación para presionarlo a acercarse más a Dios. Sí será llamado a abrazar una vida de fe y dolor, y cuando lo haga, participará en un tipo de fe que le permitirá pasar por el dolor, superar las heridas y ayudar a liberar a los demás.

En esta sección, detallamos cómo abrazar una vida de fe y sufrimiento incluyendo historias de nuestras propias vidas, razones de por qué y algunas formas de vivir de esta manera.

¿Por qué aprender a abrazar una vida de fe y sufrimiento?

1. Su fe se profundiza.
2. Usted será liberado de la cárcel de sí mismo.
3. Su vida es llenada con Su amor, y usted es reconfortado en medio del sufrimiento.
4. Usted llega a conocer a Jesús y Su poder y así llegará a ser como Él al trascender el sufrimiento de este mundo.
5. Usted crece en esperanza.
6. Usted aprende a vivir una vida de amor que ayuda a los demás.

¿Cómo se abraza una vida de fe y dolor?

1. Tome su cruz, niéguese a sí mismo y sígale.
2. Escuche lo que Dios le dice y hágalo.
3. Cuando llegue el dolor y la presión, eche sus cargas sobre Jesús.
4. Reciba Su cuidado, consuelo y consolación.
5. Hágase el propósito de amar a los demás, guiado por el Espíritu Santo.

Este es un principio contra-intuitivo olvidado por razones obvias. Doler por doler no tiene sentido y no es a lo que Él le está llamando. Las aflicciones dolorosas y momentáneas por el bien de Sus grandes propósitos serán requeridas para vivir una vida de fe. A medida que reconozca esto, aprenda a escuchar Su voz para saber que usted está donde Él ha dicho que esté firme y luche; las batallas serán diferentes, y las victorias mucho más impactantes.

Usted necesita recordar este principio olvidado porque fue el ejemplo puesto para nosotros en Jesús, y le permitirá trascender el sufrimiento para que pueda ver Sus caminos desencadenados en su vida y en las vidas de aquellos que usted conoce y ama.

Principio olvidado cuatro

ENCONTRAR Y CUMPLIR EL PROPÓSITO DE DIOS PARA SU VIDA

> *"...Dios nos salvó y nos llamó a una vida santa, no por nuestras propias obras, sino por su propia determinación y gracia. Nos concedió este favor en Cristo Jesús antes del comienzo del tiempo."*
> *(2 Timoteo 1:9)*

CAPÍTULO 16

ABRAHAM EL SEGUIDOR DE LA PROMESA

¿Fue usted creado para algo específico? ¿Tiene su vida una razón de ser? ¿Hay algo para lo que fue creado, para construir, para luchar?

La respuesta para cada pregunta es un rotundo sí.

Dios nos cuida a cada uno de nosotros de forma específica y única. Fuimos tejidos en el vientre de nuestras madres y, antes de que comenzara nuestra vida, nuestros días estaban contados. Él planeó cada día de nuestras vidas, y conoce nuestras decisiones antes de que las tomemos. Él tiene un propósito, haciendo que todo concuerde para el bien de aquellos que le aman y de acuerdo con Sus eternos consejos establecidos antes de la creación del mundo. Y porque estamos hechos a Su imagen, también nosotros tenemos un propósito.

Entonces, ¿cómo saberlo? ¿Cómo encontrar la razón para la que fue hecho? Parece trillado (y lo es) que las pruebas de aptitud y las evaluaciones de la personalidad asuman la obra del Dios Todopoderoso.

Y aunque tenemos nuestros dones, pasiones y deseos e intereses específicos, Dios es un Dios que se relaciona. En lugar de repartir resultados en un papelito, Él está interesado en caminar cada día de su vida con usted, haciendo promesas, revelando Su propósito para su vida a medida que la fe, la esperanza y el amor se acumulan en su corazón.

No hay mejor ejemplo de esto que Abraham. La historia de Abraham comienza con la voz de Dios. Dios le dijo a Abraham (Abram en ese entonces) que saliera de la tierra donde vivía con su familia a un lugar que Dios le mostraría. Hay un patrón recurrente en el viaje de Abraham. Dios habla (a menudo grandes promesas), y Abraham responde. Y aunque aún no ha visto el cumplimiento de la última promesa, Dios le hace otra promesa.

Aunque el mismo Abraham lucha y vacila—incluso hasta el punto de causar daño a otros—Dios es persistente con Abraham. Hablan juntos. Abraham reconoce su posición ante Dios. Obedece; cree. Y su historia es asombrosa.

El propósito de Abraham es tener una familia, una familia que Dios crearía, que Dios bendeciría y que superaría en número a las estrellas del cielo. Dios no empieza con algo pequeño; empieza con una promesa masiva y excepcional. Y Abraham se fue, con toda su familia y su casa a cuestas, inseguro de dónde acabaría.

Y aunque eran viejos y estériles cuando Dios envió a Abraham y a Sara a una tierra desconocida, la primera promesa de Dios es cuádruple:

1. Dios hará de ellos una gran nación.
2. Dios bendecirá a los que le bendigan.
3. Maldecirá a los que le deshonren.
4. Y en él serán benditas todas las familias de la Tierra.

Dios no empieza con algo pequeño; empieza con una promesa masiva y excepcional. Y Abraham se fue, con toda su familia y su casa a cuestas, inseguro de dónde acabaría.

Cuando llegan a la tierra por la que Dios les había ordenado dejarlo todo, la encuentran ocupada. Aun así, Dios se la prometió a los descendientes de Abraham, y Abraham creyó y adoró a Dios en ese lugar.

Más adelante pasan a Egipto porque había hambruna en la tierra. Allí, por miedo a que lo mataran, fue deshonesto con el faraón afirmando que Sara (su esposa) era su hermana, y el faraón tomó a Sara como esposa. Y como estaba fuera del propósito de Dios, Dios maldijo al faraón, y éste despidió a Abraham con abundancia de posesiones.

Repetidamente, Dios aflige a cualquiera que interfiera con el propósito que tiene para Abraham. Guarda a Abraham, lo protege, provee para él y lo conduce hacia el cumplimiento de estas audaces promesas.

Abraham reconoció a Dios como su Dios, y a lo largo de toda su historia, Dios se le presentó con diferentes nombres—nombres como Señor del Cielo y de la Tierra, el Señor Todopoderoso, el Eterno, el Señor que Proveerá—. A cada paso de la jornada de Abraham, el Señor revelaba más de sí mismo a medida que revelaba más del propósito de Abraham.

Y Abraham obedeció. Creyó. Fue a donde el Señor le dijo que fuera. Se relacionó plenamente con Dios; conversaron. Reconoció las palabras del Señor como más verdaderas que los acontecimientos que le rodeaban. Y en su viaje, Abraham navegó sobre sus circunstancias; no dejó que ellas gobernaran. Aunque no vio el fruto de estas promesas, creyó, y eso construyó en él la esperanza, anclada a la voz del Señor

Dios continuó prometiéndole a Abraham que su descendencia sería igual al número de las estrellas del cielo. Le dijo que llevaría a su pueblo a la tierra prometida, aunque Abraham no la vería. Prometió a Abraham un hijo nacido de Sara en su vejez. Prometió perdonar a su sobrino Lot. Prometió hacer un camino para que todos los hombres de su familia anduvieran limpios ante Dios. Prometió que Abraham viviría hasta una buena vejez, y que moriría e iría con sus padres en paz.

Y tan específicamente como Él habló con Abraham, Abraham respondió. Fue cuando el Señor le dijo. Ofreció sacrificios siguiendo las instrucciones del Señor. Reconoció al Señor cuando envió visitantes para compartir su promesa con Sara. Honró a la familia de su padre. Circuncidó a todos los hombres de su casa, incluyéndose a sí mismo y a su hijo Isaac. Respondió a la voz de Sara porque así se lo dijo el Señor, aunque le disgustara.

Abraham creyó y temió tanto a Dios que tomó al hijo que

era el cumplimiento de todas estas promesas, lo puso sobre un altar y levantó el cuchillo para sacrificarlo siguiendo la dirección del Señor. Contra lo razonable, lo circunstancial, los caminos del mundo y las inclinaciones naturales de su propia carne, Abraham creyó a Dios, y Dios fue fiel para completar cada parte del propósito.

Los viajes con propósito son así.

Al Señor no le interesa ayudarlo a alcanzar aquello para lo que usted está hecho, si lo consigue sin Él. Él no lo ha creado para cosas ajenas a Sus caminos y a Su gobierno. Él es el Dios del Cielo y de la Tierra. Él es el Dios Todopoderoso (que tiene todo el poder). Él es eterno. Él es el proveedor. Él es. Y su propósito está encapsulado en Él.

Para conocer y llevar a cabo su propósito, usted necesitará escuchar lo que Él dice y obedecerlo. Necesitará amarlo y saber que Él está con usted, porque no siempre parecerá o se sentirá que su propósito único y excepcional está cerca o incluso sea posible. Dolerá; a veces será confuso. Pero el camino para encontrar y cumplir el propósito de Dios para su vida es el camino; es la aventura que emprendemos con Él. Y es lo que hace que nuestra vida y nuestra fe sean completas.

¿Qué le prometerá Él? ¿Qué ha propuesto Él para usted? ¿A quién lo ha llamado? De todas estas cosas Él le hablará. Todas estas cosas por las que Él proveerá. Todas estas cosas por las que Él vencerá. Y el cumplimiento del propósito de Dios en su vida continuará para impactar a otros y construir el Reino y los propósitos más grandes de Dios.

CAPÍTULO 17

UN VISTAZO A LA BUSQUEDA Y CUMPLIMIENTO DEL PROPÓSITO DE DIOS PARA SU VIDA

Después de dos años de orar para escuchar la voz de Dios, en mi decimoctavo cumpleaños y tras una noche horrible, entré en mi dormitorio, caí de rodillas junto a mi cama y clamé a Él pidiendo ayuda. Por primera vez en mi vida, le oí hablar, diciendo: "Irás a América Latina y levantarás líderes jóvenes". Me levanté de mis rodillas y escribí esa línea en la máquina de escribir de mi escritorio. Él no había terminado. Continuó hablando. Me levanté y fui a ver a mis padres y les pregunté qué debía hacer si el Señor me estaba hablando y no paraba. Me dijeron: "¡Vuelve y escucha!"

Había recibido otra pista acerca del propósito de Dios para mi vida hacía poco más de un año antes de aquel incidente, cuando un pastor de jóvenes accedió a reunirse conmigo para ayudarme a tomar una gran decisión sobre dónde ir a la universidad. Tras escuchar mi historia, me preguntó: "¿Has pensado alguna vez en trabajar con jóvenes?". Le pregunté si pagaban a la gente por hacer eso y me respondió: "No mucho".

Antes de esta idea de trabajar con jóvenes y de que Dios me hablara de desarrollar líderes jóvenes en Latinoamérica, mi familia siempre se había burlado de mí diciéndome que era un poco bueno en muchas cosas, pero no muy bueno en nada. En concreto, les preocupaba mi capacidad para ganarme la vida. Sin embargo, con cada atisbo de los propósitos de Dios para mí, veía que encajaba perfectamente para lo que Él me había creado. Era lo suficientemente divertido para mantener la atención de los jóvenes, lo suficientemente artístico para diseñar los materiales necesarios para movilizarlos y lo suficientemente atlético para jugar las horas de baloncesto necesarias para llegar al corazón de los jóvenes.

El día después de mi decimoctavo cumpleaños, entré en el departamento de historia de mi universidad y cambié mi especialidad por historia latinoamericana. Al cabo de un año, conocí a mi esposa, una costarricense. Paso tras paso, vi cómo mi vida se movía con fuerza sobrenatural hacia este propósito sobrenatural que Dios decidió antes de la creación de la Tierra que yo cumpliría caminando con Él.

Una y otra vez me encuentro dando pasos hacia algo que sé que es imposible para mí, pero que está ligado a Su propósito. Sabiendo esto, doy un paso hacia la imposibilidad, esperando ver cómo Dios intervendrá y lo llevará a cabo. El proceso no ha estado exento de un tremendo sufrimiento, pero puedo decir claramente que saber que Él está obrando en ello para acercarme cada vez más a la meta, me ha dado una paz extraordinaria.

En el año 2004, mi esposa, mis tres hijos y yo nos subimos a un avión para ir a San José, Costa Rica, donde vivimos durante seis años. El Niño y La Bola, la organización de la que formamos parte, funciona ahora en todo el mundo, llegando a los jóvenes y equipándolos para que se conviertan y transformen sus comunidades. Con cada contratiempo y cada obstáculo, saber para qué me creó Dios y me ha llamado a hacer me ha dado confianza para creer que *"Estoy convencido de esto: el que comenzó tan buena obra en ustedes la irá perfeccionando hasta el día de Cristo Jesús"* (véase Filipenses 1:6). Conocer el propósito de Dios para nuestras vidas nos invita a una "cita" de por vida con Dios, un viaje a su corazón y a ver su poder cada día.

CAPÍTULO 18

¿POR QUÉ ENCONTRAR Y CUMPLIR EL PROPÓSITO DE DIOS PARA SU VIDA?

Aunque el tercer principio olvidado puede ser el que más pausa le provoque, este principio es probablemente parte de la razón por la que usted fue en busca del Señor en primer lugar. Además de acudir a Él para que le ayudara a sanar el quebranto de su corazón, probablemente también sienta un fuerte deseo de saber para qué lo hizo a usted. ¿Por qué está usted aquí? ¿Qué es la cosa descabellada, importante y que cambie el mundo con su vida para la que ha sido creado? Aunque pueda tener algunos atisbos o ideas, necesitará que el Señor le lleve en un viaje de propósito. Necesitará que Él le diga para qué fue hecho, para quién fue hecho y cómo fue hecho para hacerlo.

Este propósito que Él le ha dado abrumará su corazón con Su cuidado por usted, Su intencionalidad con usted y Su amor por usted. Aprenderá que fue hecho para cosas más grandes de las que puede imaginar. Aprenderá que lo necesita más de lo que puede pensar o saber. Verás cosas imposibles.

Usted ayudará a la gente. Y este propósito que Él le ha dado cambiará el mundo. Usted no es el único que necesita encontrar y cumplir su propósito. Su propósito exacto es necesitado por muchos otros que serán alcanzados y redimidos por esta parte de su relación con Él. El siguiente capítulo contiene cinco razones por las que necesita encontrar y cumplir el propósito de Dios para su vida.

1. Su vida está llena de visión.

Proverbios 29:18 dice que "donde no hay visión, el pueblo perece". Otras versiones dicen que "el pueblo se desenfrena". Cuando un atleta entrena para competir en los Juegos Olímpicos, tiene en la cabeza la imagen de entrar en la inauguración de los juegos, representando a su país. Piensa en alojarse en la Villa Olímpica, en competir y en subir a la plataforma para recibir una medalla. Esta "visión" de las Olimpiadas les llena de un deseo de realizarla tan fuerte que les resulta fácil decir no a cualquier cosa que les distraiga de lograr su objetivo. Éste es el poder de la visión.

El Dios que nos creó y que nos entiende mejor de lo que nos entendemos nosotros mismos sabe que hablarnos de nuestro futuro llena nuestros corazones de fe y forma la esperanza en nuestro interior. Creemos que lo que Él nos ha prometido es cierto, y así salimos adelante con esperanza, sufriendo el dolor que sea necesario mientras seguimos avanzando, mientras esperamos, incluso mientras somos ridiculizados por los demás. Así fue para Abraham:

> *"Contra toda esperanza, Abraham creyó y esperó, y de este modo llegó a ser padre de muchas naciones, tal como se le había dicho: "¡Así de numerosa será tu descendencia!". Su fe no se debilitó, aunque reconocía que su cuerpo estaba como muerto, pues ya tenía unos cien años, y que también estaba muerta la matriz de Sara.*

> *Ante la promesa de Dios no dudó como un incrédulo, sino que se reafirmó en su fe y dio gloria a Dios, plenamente convencido de que Dios tenía poder para cumplir lo que había prometido"* (Romanos 4:18-21).
>
> *"Cuando Dios hizo su promesa a Abraham, como no tenía a nadie superior por quien jurar, juró por sí mismo y dijo: 'Te bendeciré en gran manera y multiplicaré tu descendencia' Y así, después de esperar con paciencia, Abraham recibió lo que se le había prometido"* (Hebreos 6:13-15).

Cuando usted sabe lo que Dios le ha llamado a hacer, tiene un incentivo interno y constante que le acerca cada vez más a Jesús. Usted se levanta temprano por la mañana para pasar tiempo al comienzo de su día con Él. Le sigue de cerca en y a lo largo de su día. Usted está atento constantemente a que Él le hable, le dirija, sabiendo que cada momento de cada día importa y que usted se está preparando para algo... algo maravilloso. Usted "se arma" para sufrir (véase 1 Pedro 4:1 SRVA), tal como hizo Jesús para seguir adelante hacia su meta. Clamas a Dios para aprender a vivir en el poder del Espíritu Santo, sabiendo que tu propia capacidad no será suficiente para esta tarea del tamaño de Dios, diseñada por Dios, que tienes ante ti.

El conocimiento de su propósito llena su vida de sentido. Cada respiro, cada aliento, cada palabra que lee, cada obstáculo al que se enfrenta, cada persona que conoce, todo se convierte en "un propósito". La visión es un don de Dios que le ayuda y le exige a caminar estrechamente con Él, resultando en que la vida de Él llene la de usted.

2. Usted crece en capacidad y necesidad de escuchar y obedecer la voz de Dios

Habacuc 2:1-3 dice,

> *En mi guardia estaré de pie y sobre la fortaleza estaré firme. Vigilaré para ver qué dirá y qué tiene que responder a mi queja. Entonces el SEÑOR me respondió diciendo: —"Escribe la visión y grábala claramente en tablas para que corra el que las lea. Aunque por un tiempo la*

> *visión tarde en cumplirse, al fin ella hablará y no defraudará. Aunque tarde, espéralo; pues sin duda vendrá y no tardará".*

Hay que oír a Dios hablar de nuestro propósito y hay que oírle decir cómo cumplirlo. Así que "manténgase firme sobre la fortaleza y "espere que Él le hable". No sólo tiene que oír, también tiene que aprender a confirmar lo que Él le haya dicho. Después de todo, usted está poniendo su vida en riesgo con estas palabras. Escuchar a Dios hablar de su propósito no es algo momentáneo. Requiere esperar, cambiar, seguir y tomar decisiones, y escuchar de forma continua y constante. Lo que Dios dice sobre su propósito puede requerir que cambie de carrera en la universidad, que cambie de trabajo, que se case (o no se case) con alguien. La búsqueda del cumplimiento de su propósito le llevará los años de su vida. Necesita oír clara y constantemente, y que usted sabe que le está escuchando.

Como resultado, encontrar y cumplir el propósito de Dios, se convierte en una academia para aprender a escuchar y obedecer la voz de Dios.

3. Usted vivirá la intimidad en todo momento de una manera más profunda.

Junto con Abraham y Sara, Moisés es otro gran estudio de lo que les sucede a las personas llamadas por Dios para un gran propósito. En ambas historias, los individuos tienen que luchar con Dios, hacerle preguntas sobre lo que ha prometido e incluso compartir sus dudas y temores a lo largo del camino. En Éxodo 33:12-16, vislumbramos cómo fue este proceso para Moisés:

> "Moisés dijo al Señor: —Tú insistes en que yo debo guiar a este pueblo, pero no me has dicho a quién enviarás conmigo. También me has dicho que te conozco por nombre y que cuento con tu favor. Pues si realmente es así, dime cuáles son tus caminos. Así sabré que en verdad cuento con tu favor. Ten presente que los israelitas son tu pueblo. —Yo mismo iré contigo y te daré descanso —respondió el Señor. —O vas con todos nosotros —respondió Moisés—, o mejor no nos

hagas salir de aquí. Si no vienes con nosotros, ¿cómo vamos a saber, tu pueblo y yo, que contamos con tu favor? ¿En qué seríamos diferentes de los demás pueblos de la tierra?"

Moisés, enfrentándose a los desafiantes pasos a seguir en el propósito de Dios para su vida, se dirigió a Dios para pedirle la ayuda que necesitaba para cumplirlo. En respuesta a la nueva petición de ayuda de Moisés, Dios le dijo que Su presencia lo acompañaría, que Él mismo iría con Moisés en su camino. Moisés aceptó inmediatamente la oferta, diciendo que, si Dios no enviaba Su presencia con él, no quería ir.

El propósito de Dios para su vida es una tarea del tamaño de Dios que requiere la presencia de Dios con usted si ha de tener alguna posibilidad de éxito. La obediencia es más fácil cuando Dios está presente. Cuando usted sabe en su corazón que Él está a su lado, es fácil obedecer y difícil desobedecer. Sin embargo, enfrentarse a los desafíos que conlleva el hecho de que Dios le guíe hacia Sus propósitos para su vida, requiere que usted se comprometa cada vez más a buscar Su Presencia en su vida y a permanecer cerca de Él en el transcurso de sus días.

4. Se vive por la fe, aún en medio del sufrimiento.

El entrenamiento para cualquier gran tarea requiere una gran rigurosidad. En la película, Rocky, el aspirante italiano a peso pesado y que está en desventaja, es empujado continuamente por su entrenador, Mickey, a perseguir gallinas para aumentar su agilidad, a hacer ejercicios para ponerse en forma y a hacer sparrings con otros luchadores para prepararse para enfrentarse al campeón. En un momento dado, Mickey le dice a Rocky: "Para un combate de 45 minutos, tienes que entrenar duro durante 45.000 minutos. ¡45,000! Eso equivale a diez semanas, a diez horas al día, ¿me oye? ¡Y ni siquiera ha entrenado un minuto!". [8] El entrenamiento se produce cuando nos sometemos a ejercicios difíciles—cosas que incluso duelen—como parte de nuestra preparación para hacer lo que sea necesario para cumplir con nuestra vocación o propósito.

Jesús nos llama a ser sus discípulos y dentro de la palabra

"discípulo" se encuentra una idea de lo que se necesita. La palabra "discípulo" está ligada a la palabra "disciplina", y ser "discipulado" o "disciplinado" es realmente ser entrenado. Dios le dirige a que usted viva en el poder del Espíritu Santo, dedicado a escuchar y obedecer su voz. Se le exige que permanezca cerca de Él en todo momento, sin importar el coste, la incomodidad, las circunstancias o la apariencia exterior. Él profundiza su fe, fortalece su esperanza y le lleva cada vez más profundamente a vivir en Su amor.

A medida que usted crezca, se enfrentará a más retos y a un mayor sufrimiento, pero permaneciendo cerca de Él, ni siquiera notará gran parte de esto. Jesús promete que seguirle será un camino difícil:

> *"Entonces los entregarán para que los persigan y los maten, y los odiarán todas las naciones por causa de mi nombre. En aquel tiempo muchos se apartarán de la fe; unos a otros se traicionarán y se odiarán; y surgirá un gran número de falsos profetas que engañarán a muchos. Habrá tanta maldad que el amor de muchos se enfriará"* (Mateo 24:9-12).

Ahí, al final, está la recompensa, la clave esencial: *"Pero el que se mantenga firme hasta el fin será salvo"* (Mateo 24:13). Aprender a vivir por fe a través del dolor mientras persigue su propósito desarrolla en usted la capacidad de mantenerse firme hasta el fin.

5. Se vive en Su poder mientras se persigue su propósito.

Es una tendencia humana común evitar el riesgo. Lo hacemos manteniéndonos dentro de nuestras propias capacidades en situaciones que podemos controlar. Si existiera la posibilidad de fracasar o perder en cualquier empeño, mucha gente no lo intentaría. Pero esto resulta en la tendencia a vivir vidas pequeñas.

Cuando Dios habla de Su propósito, lo hace desde Su perspectiva, desde el misterio y la majestuosidad de Su consejo y propósitos eternos y en vista de Quién lo hizo a usted. La mayoría de las veces, Él habla de aspectos que requieren una fe madura para poder hacer Su voluntad.

1. Le dijo a Noé que construyera un arca cuando nunca había llovido (véase Génesis 6:13-18).
2. Abraham recibió una directiva aparentemente descabellada tras otra.
3. A Moisés, un fugitivo que huía de la ley y que había pasado del palacio del faraón a los campos para cuidar el ganado de su suegro, le dijo que fuera a enfrentarse al gobernante más poderoso del mundo (véase Éxodo 3-4).
4. Un joven pastor llamado David recibió de un forastero que le visitaba la noticia de que un día sería rey (1 Samuel 16:1-13).
5. A un remanente desorientado de discípulos se les dijo que harían milagros mayores que el Hijo de Dios una vez que recibieran el Espíritu Santo (véase Juan 14:12).

Cuando Jesús nos llama, sin excepción nos promete y proporciona poder: *"Cuando Jesús hubo convocado a los doce, les dio poder y autoridad para expulsar demonios y para sanar enfermedades"* (Lucas 9:1) y de nuevo en Hechos 1:8; *"Pero recibiréis poder cuando venga sobre vosotros el Espíritu Santo, y seréis mis testigos en Jerusalén, en toda Judea, en Samaria y hasta los confines de la tierra."*

Mediante su divino poder, Dios nos ha dado todo lo que necesitamos para llevar una vida de rectitud. Todo esto lo recibimos al llegar a conocer a aquel que nos llamó por medio de su maravillosa gloria y excelencia.

Más concretamente, el Padre, Jesús y el Espíritu Santo trabajan juntos para suministrarle a usted todo lo que necesita para entrar en los propósitos de Dios para su vida. Pedro, que experimentó por sí mismo tanto la llamada de Dios como su poder para acompañarla, escribió en 2 Pedro 1:3: "Su poder divino nos ha dado todo lo que necesitamos para una vida piadosa mediante nuestro conocimiento de aquel que nos llamó por su propia gloria y bondad".

Mucha gente habla de querer ver el poder de Dios mientras se aferran a la "seguridad" y la "garantía" de hacer sus elecciones, para hacer las cosas dentro de su propio control y visión. Pero ahí no hace falta el poder de Dios. Es cuando usted se lanza a los pasos profundos, desafiantes, que requieren fe, hacia la visión del tamaño de Dios a la que Él le llama, cuando le necesita. Cuando se une a Él en Sus propósitos, se le da un asiento en primera fila para verle demostrar Su poder para lograr lo que Él le ha pedido que haga para Su gloria.

El propósito de Dios para su vida es realmente importante y probablemente mucho más grande de lo que usted pueda imaginar. A medida que persiga una jornada de propósitos con Él, su mayor recompensa será llegar a estar con su Padre que le tejió y trazó estos propósitos con la fundación de la Tierra. Encontrar y cumplir Su propósito para su vida le llenará de alegría, paz y la seguridad de que se ha entregado del mejor modo posible a la cosa más crítica que podría hacer. No será sin dificultades, y habrá momentos confusos. El propósito es lo que hace posible soportarlos. Apóyese en Él y siga adelante en el viaje. Valdrá la pena.

CAPÍTULO 19

CÓMO ENCONTRAR Y CUMPLIR EL PROPÓSITO DE DIOS PARA SU VIDA

Por lo tanto, usted ha sido hecho para algo específico en todo el mundo. Sólo usted puede cumplir el propósito que Él tiene para usted, y sólo Dios sabe lo que es. ¿Cómo hará para encontrar y luego cumplir este único propósito que Él le ha dado? Puede parecer desalentador y abrumador. Puede ser exactamente lo único que consuma su corazón. También puede ser ambas cosas a la vez. Recuerde que Dios no está tratando de engañarlo, y Él no juega con su corazón. Él quiere que usted viva su propósito más que usted mismo. Él está ansioso por lanzarse a esta jornada con usted, y le dará todo lo que necesita para lograrlo.

Encontrará y cumplirá el propósito de Dios para su vida en pasos de escuchar y actuar en obediencia. Antes que nada, usted fue hecho para una relación con Él. A medida que se acerque a Él, Él le hablará. Le dará una gran visión que puede cumplirse a través de pequeños pasos de obediencia. Responda a ambos. Los siguientes ocho pasos son herramientas útiles para encontrar y cumplir el propósito de Dios para su vida.

1. Crea que Dios es bueno y que quiere hacerle bien todos los días de su vida.

La verdad es que conocer a Dios, vivir en una íntima amistad con Él y estar en su presencia sería más que suficiente para que usted llevara y disfrutara de una vida asombrosa. Sin embargo, sus niveles de fe no son lo suficientemente fuertes como para permitirle acceder a estas cosas. Tiene que crecer en la fe para hacerlo. Dios le invita a emprender un viaje para descubrir y cumplir Sus propósitos para su vida como lugar donde se vea obligado a aprender quién es Él y Sus caminos, y a profundizar su confianza en Él a cada paso.

Cada día requiere que usted le escuche, que responda a su llamado y que confíe en Él. Una cosa que puede ayudarle a progresar en este viaje es comenzar con una confianza audaz en que el Dios que le llama o le envía es un Dios bueno que se propone demostrarle su amor y profundizar su confianza en Él en cada paso del camino. Se enfrentará a tiempos difíciles que pondrán a prueba esta confianza una y otra vez. Si recuerda Su bondad y que Él le ama, tendrá más posibilidades de no dar marcha atrás.

2. Tome su cruz, niéguese a sí mismo y sígalo. Preste atención al nombre de este principio olvidado.

No se trata de "Encontrar y Cumplir el Propósito de su Vida". Es "Encontrar y Cumplir Su Propósito para su Vida". Si usted quiere apoderarse de Su propósito, no puede traer sus caminos con usted. Tomar su cruz, negarse a sí mismo y seguirlo a Él es la única manera de ser libre de sus propios pensamientos y escuchar Su voz diciéndole Su gran visión. Es la única manera de tener acceso a la fe que requerirá estar de pie en medio de un mundo que persigue el éxtasis fugaz de la auto-satisfacción, negar lo que es sensato y razonable para usted, y moverse cuando Él diga que se mueva.

Usted no puede apoderarse de su propósito sin rendirse a Jesús. No puede llegar a su objetivo sin el poder de resurrección que viene cuando su viejo y muerto corazón cobra vida en Él. Y aunque esta es la parte contra-intuitiva, esta es en realidad la clave secreta. No hay manera de encontrar Su propósito (que conduce a una experiencia grande, poderosa, intencional, romántica y abundante con Él) hasta que usted rinda todo lo que ha construido por su cuenta.

El propósito es una razón fundamental por la que usted se lo entrega todo a Él en primer lugar: saber con total confianza para qué fue hecho y ser totalmente libre para hacer lo que sea necesario para llegar ahí y experimentarlo todo. En la cruz está el poder de resurrección, Su Espíritu Santo está en todas partes, en movimiento. Es donde encontrará todo lo que necesita para vivir libremente en su vida poderosa y con propósito, con la fuerza motriz de la fe empujándole hacia Su propósito.

3. Pídale a Él. Búsquele a Él. Escúchele a Él.

El secreto para encontrar su propósito en la vida es pedírselo a Dios. Esto requiere que usted escuche Su voz y obedezca lo que Él dice. Uno de los beneficios de este camino hacia su propósito es que le obliga a aprender a oírle y a hacerse cada vez más fuerte en aprender a responder a lo que Él dice. Jesús le enseña cómo acercarse a Dios para pedirle las cosas que quiere y necesita de Él. Le dice que pida, que busque y que llame, sabiendo que, como buen Padre, Dios le escuchará y le responderá:

> *"Sigue pidiendo y recibirás lo que pides; sigue buscando y encontrarás; sigue llamando, y la puerta se te abrirá. Pues todo el que pide, recibe; todo el que busca, encuentra; y a todo el que llama, se le abrirá la puerta. Ustedes, los que son padres, si sus hijos les piden un pedazo de pan, ¿acaso les dan una piedra en su lugar? O si les piden un pescado, ¿les dan una serpiente? ¡Claro que no! Así que si ustedes, gente*

pecadora, saben dar buenos regalos a sus hijos, cuánto más su Padre celestial dará buenos regalos a quienes le pidan" (Mateo 7:7-11).

Pida, busque, llame y esté listo porque Él responderá.

4. Preste atención y siga cada pista.

En las primeras etapas de la búsqueda del propósito de Dios, compre un diario o cuaderno especial para anotar las claves que vaya descubriendo cada día. Cuando vea una película en la que un personaje hace algo o trabaje en un oficio que emocione su corazón, anótelo. Podría ser una pista sobre aquello para lo que Dios lo ha creado.

Pídale a la gente constantemente que le hable de sus sueños o de su trabajo, de lo que Dios les ha llamado a hacer. Escuche las cosas que dicen y que hacen que su corazón arda dentro de usted. Anote también esas cosas. Analice lo que disfruta y lo que no. ¿Disfruta la lectura? ¿La escritura? ¿Las matemáticas? ¿La ciencia? Anótelo. ¿Disfruta trabajar con mucha gente todo el día? ¿Disfruta trabajar solo? Mientras habla de estas cosas con otras personas o incluso las contempla por su cuenta, anote todas las pistas a las que llegue.

5. Ajuste la dirección de acuerdo con la pista más pequeña.

Independientemente de quién sea usted o la edad que tenga, éste es un ejemplo perfecto de lo importante que es tener un entrenador. Diríjase a la persona que Dios le ha dado como entrenador o mentor y pregúntele qué ve en usted. Anote estas cosas y muéstrele también todas las pistas que haya anotado. Luego, juntos traten de identificar patrones. Ore y pídale a Dios que le ayude a identificar oportunidades basándose los patrones que vea surgir.

Si ve, oye o siente que está hecho para cuidar gente, ofrézcase como voluntario en organizaciones o ministerios sin ánimo de lucro; compruebe qué actividades llenan su corazón de alegría y cuáles no. Si es estudiante y le encantan las matemáticas, tómese un minuto para hablar con su profesor de matemáticas favorito. Pregúnteles qué tipo de trabajos hay disponibles para las personas a las que son buenas en matemáticas. Dedique tiempo a hablar con un médico o una enfermera y hágase una idea de si está hecho para ayudar a la gente en el campo de la medicina. Dedique tiempo a un abogado para ver si su forma de ayudar a la gente podría encajar en su línea de trabajo.

A medida que avance, escuche. El Espíritu Santo le mostrará realmente cuándo está "caliente" o "frío". Anote cada pista (su experiencia, las partes que sobresalieron, las partes que le aburrieron, etc.) y comente continuamente lo que está escuchando con su entrenador y su equipo o grupo pequeño. Dios hablará a través de las personas que le rodean, y cuando Él hable, aunque sea sólo un poco, dé el siguiente paso hacia lo que Él diga. Esté preparado para las sorpresas, y para la acción.

6. Recuerde que su propósito no es un trabajo sino una vocación.

El camino hacia el propósito requiere que examine todo lo que venga, busque en todas partes, incluso en los puntos académicos en lo que es fuerte y en su capacidad profesional, es importante recordar que su vocación es más importante que un trabajo. Su vocación la vivirá a través de toda su vida, incluido su trabajo, pero no se limitará a éste. Puede haber una verdadera fuerza cuando lo que hace para ganarse la vida al menos encaja con su vocación, pero prepárese para la creatividad de Dios en este sentido. Los propósitos de muchas personas son más bien una dinámica o un valor que puede expresarse en casi cualquier ámbito de su vida.

Su propósito podría ser "ver el valor de lo que parece no tenerlo", y usted vería continuamente el valor en personas y situaciones que otros no ven, por lo que Dios lo usaría para tomar lo que parece sin valor en una persona o en un momento y estimular la belleza que Él revela en ellos. Puede que su propósito sea "poner orden en el caos", por lo que su vida puede consistir en administrar continuamente situaciones en las que se parte de un gran desorden, o en orientar a personas que están dispersas de muchas maneras, pero, poco a poco, usted ayuda a mejorar las cosas.

Quizás usted tenga el llamado de desarrollar a los jóvenes o de ayudar a las personas a crecer hacia el propósito o el llamado que Dios les ha dado. Puede que le llamen a servir a un grupo específico de personas, como de niños en hogares de adopción o huérfanos de padre. Ninguna de estas cosas se encuentra incluida en una sola ocupación. En realidad, estas cosas pueden lograrse en cualquier vocación donde haya gente. Esté abierto. Esté atento. No limite lo que Él pueda decirle. Esté dispuesto a dejarse sorprender por aquello para lo que Dios le hizo y esté dispuesto a seguirle con todo su corazón para cumplirlo.

7. No dé marcha atrás cuando el mar se agite.

Espere encontrarse con Su poder para ayudarle. Al principio, estos pasos hacia lo que está sintiendo del Señor serán de bajo riesgo y bajo costo. Con cada poquito de claridad, se verá obligado a comprometerse un poco más para dar un paso hacia lo que Él le está diciendo. A lo largo del camino, aunque cada vez tenga más claridad, se enfrentará a obstáculos, retos y dificultades. A veces, estas circunstancias podrían ser la forma que tiene Dios de decirle que ha tomado un camino equivocado. Sin embargo, tenga cuidado con esto. Muchas veces, el camino difícil puede ser un indicador de que en realidad va por buen camino y de que Dios está ejercitando sus músculos de fe para que aprenda a apoyarse en Él y vea cómo su poder le ayuda a superar lo que se le presenta.

Como Abraham, su propósito no es algo que pueda hacer con sus propias fuerzas. Es algo que requerirá que establezca una amistad con Dios que le hará depender de Su poder y fuerza. Necesitará escucharle. Necesitará saber que sabe que le ha escuchado. Tendrá que sufrir o mantenerse en medio de la adversidad y aferrarse a la esperanza del llamado de Dios a su vida. Si lo hace, su vida cambiará el curso de la historia y dejará un legado de fe y obediencia que tocará muchas otras vidas.

8. Observe cómo su vocación o misión se ajusta a la misión permanente de Jesús

Jesús vino a "buscar y a salvar a los perdidos". Vino a entregar su vida como sacrificio para que pudiéramos recibir el perdón por nuestros pecados, y la redención, siendo restituidos a una relación con el Padre. Después de morir y resucitar, Jesús ascendió al cielo y se sentó a la diestra del Padre, a la espera de que todas las cosas del cielo y de la tierra sean puestas bajo sus pies, bajo el dominio de su Reino. En ese momento, Él le entregará todo al Padre.

Esta misión de Jesús es continua. Cualquier cosa que usted sea llamado a hacer con su vida juega un papel en Su misión. No hay duda de que su llamado es parte del llamado de Él para alcanzar a la gente del mundo con el evangelio (las buenas nuevas de Su amor y su búsqueda de ellos). Al igual que usted, hay muchos otros ahí fuera que sienten que algo en su corazón les atrae hacia Dios.

En su profesión, Él le traerá personas (clientes, compañeros de trabajo, amigos) a las que podrá amar. Él hablará palabras al corazón de ellos que los atraerán a la casa de Dios. Él le dará influencia para hacer lo que Él dice en su lugar de trabajo, familia, relaciones o comunidad, permitiendo que el gobierno de Su Reino se exprese en estos espacios. Como ELEMENTOS OLVIDADOS.

Este principio olvidado es estimulante y una parte necesaria de su vida. Necesitará saber para qué ha sido creado a fin de vivir una vida de fe. Querrá conocer su propósito para crecer, ayudar a los demás y saciar los deseos de su corazón. Encontrar y cumplir Su propósito para su vida es una búsqueda de toda la vida. No desperdicie días ni palabras. Será un viaje emocionante, y usted hará grandes cosas con Su ayuda y guía. Recuerde, usted fue hecho primero para Él, para estar con Él, conocerlo y ser conocido por Él. Permanezca cerca de su Padre. Escuche cada palabra que Él le diga. Búsquelo en cada momento de su día. Elíjalo a Él, aunque sea difícil o no tenga sentido para usted. Al hacer estas cosas, descubrirá Su propósito para su vida.

CAPÍTULO 20

ENCONTRAR Y CUMPLIR EL PROPÓSITO DE DIOS PARA SU VIDA: RESUMEN

La naturaleza de Dios es dar propósito. Él no desperdicia nada, ni palabras, ni momentos, ni una sola de sus cosas. Usted está vivo y se entrega cada día porque Él lo ha propuesto para algo específico que sólo usted puede hacer.

La naturaleza de Dios es dar propósito. Él no desperdicia nada, ni palabras, ni momentos, ni un solo detalle de su vida. Usted está vivo y se entrega cada día porque Él lo ha propuesto para algo específico que sólo usted puede hacer.

Este principio olvidado es muy probablemente parte de la razón por la que usted se acercó a Dios en primer lugar. Esta idea de que usted fue hecho para hacer algo, para dar su corazón y su vida por algo, para participar en un cambio significativo y útil para el mundo, es la razón para levantarse de la cama por la mañana.

Su propósito no vendrá en una sesión de oración de una hora. Su propósito será revelado y vivido a través de cada momento de cada día con Él. Cuanto más descubra su propósito, más necesitará estar cerca de Él. Cuanto más cerca esté de Él, más aprenderá sobre su propósito. Así es como se desarrolla el viaje del propósito.

A lo largo de esta sección, hemos examinado la vida de Abraham, el padre de nuestra fe y el cumplidor de sus promesas. Compartimos nuestras propias experiencias y expusimos las razones y las formas en que usted puede encontrar y cumplir el propósito de Dios para su vida. ¿Por qué aprender a encontrar y cumplir el propósito de Dios para su vida?

1. Su vida está llena de visión.
2. Usted crece en su capacidad y necesidad de escuchar y obedecer la voz de Dios.
3. Usted vive en intimidad en todo momento de una manera más profunda.
4. Usted vive por la fe, incluso ante el sufrimiento.
5. Usted vive en Su poder mientras persigue Su propósito.

¿Cómo encuentra usted y cumple el propósito de Dios para su vida?

1. Crea que Dios es bueno y que quiere hacer el bien para usted todos los días de su vida.
2. Tome su cruz, niéguese a sí mismo y sígale.
3. Pídale. Búsquele a Él. Escúchele.
4. Preste atención y siga cada uno de sus pistas.
5. Ajuste su rumbo en función incluso de la pista más pequeña.
6. Recuerde que su propósito no es un trabajo sino una vocación.
7. No dé marcha atrás cuando el mar se agite.

8. Observe cómo su vocación o misión encaja en la misión permanente de Jesús.

Usted fue hecho a propósito para un propósito que fue establecido por un Dios que lo creó a usted, al universo y a todo lo demás. Usted no fue omitido, ni se le dio una parte inferior, ni se le pasó por alto. Se le dio un propósito, y a Dios le importa mucho compartir cada detalle íntimo del mismo con usted. Crea que a usted se le dio un propósito. Obedézcale cuando le oiga hablar. Esta visión que Él le dará le llevará a un viaje asombroso. Llegará a ver cosas, decir cosas y hacer cosas que aún no puede imaginar, y Él lo usará para participar en la redención de lugares quebrantados y dolientes en espacios del corazón de la gente y en todo el mundo. No espere para participar.

Principio olvidado cinco

VIVIR EN EL PODER DEL ESPÍRITU SANTO

"Pero cuando venga el Espíritu Santo sobre ustedes, recibirán poder y serán mis testigos tanto en Jerusalén como en toda Judea y Samaria, hasta en los confines de la tierra."
(Hechos 1:8)

CAPÍTULO 21

PEDRO: DE LA CAÑA A LA ROCA

La historia de todo superhéroe incluye el momento en que pasa de ser una persona ordinaria y corriente a alguien que recibe un poder extraordinario y sobrenatural. Antes de esa transformación, estos personajes luchaban por manejar sus propios problemas y vidas. Y entonces, la picadura de una araña radioactiva o la exposición a un elemento sobrenatural los hace ascender de una vida de debilidad a una vida con el poder suficiente para ayudar al mundo entero.

En las "historias de los orígenes" que leemos de personas normales en la Biblia, vemos cómo son poderosamente alteradas cuando conocen a Dios y aprenden a caminar con Él. Lo vemos en Samuel, en Juan y en Abraham. Sin Él, hubieran estado en grandes problemas. Con Él, hicieron grandes hazañas.

Aun así, el crescendo de la historia expuesta en la Biblia llega cuando Jesús demuestra un poder milagroso, aparentemente imposible, porque está lleno y dirigido por el Espíritu Santo. Él nos promete el don del mismo Espíritu Santo a nosotros. No sólo invita a los seguidores de Jesús a una relación con Él, y a través de Él con el Padre, sino que promete que la tercera persona de la Trinidad, el Espíritu Santo, los "bautizará" o "llenará" y luego los llevará a que "trastornen al mundo (pongan al mundo de cabeza)".

El apóstol Pedro, uno de los primeros y más cercanos discípulos de Jesús, fue primero una caña y luego una roca. De hecho, cuando Pedro conoció a Jesús, su nombre no era Pedro sino Simón. El nombre "Simón" en hebreo significa "caña", una planta que se sacude de un lado a otro con el viento. Por su apariencia externa, Simón Pedro era un pescador fuerte y muy sociable. De hecho, fue el hermano y socio de Simón en el negocio de la pesca, Andrés, quien le presentó a Jesús.

Aunque Simón era un hombre de mar, un fuerte amante de la naturaleza y un hombre de negocios que se ganaba la vida con el trabajo físico, vemos en los evangelios que incluso las personas fuertes pueden vacilar a la hora de tomar decisiones importantes. La intempestiva personalidad de Simón Pedro, sus reacciones rápidas y su fe que se desarrollaba lentamente le hicieron actuar con precipitación con poca sabiduría y, como resultado, cometer errores con rapidez.

Incluso después de que Simón ya le había conocido, Jesús necesitaba hacer el milagro de pescar una cantidad asombrosa de peces para ayudar a este pescador a ver que Él es el Hijo de Dios, el Mesías. Antes de la gran captura, Simón se dirigió despreocupadamente a Jesús como "maestro" mientras le explicaba sarcásticamente que no había razón para volver a echar las redes. Después, cuando tuvieron una pesca abundante, Simón cayó de rodillas ante Jesús exclamando: pidió a gritos a Jesús, a quien entonces se dirigió como Señor diciendo —"¡Apártate de mí, Señor porque soy hombre pecador! Lucas 5:8) Y a los pocos minutos, Simón dejó atrás las barcas para seguir al Jesús a quien acababa de dudar.

Muchos conocen la historia de Jesús llamando a Simón Pedro que se bajara de la barca en la que viajaba y se acercara a Él caminando sobre las aguas (véase Mateo 14:22-33). Simón respondió con una fe inspiradora, caminando de hecho sobre el agua hasta que su fe empezó a flaquear y comenzó a hundirse. En pocos instantes, Simón pasó de lanzarse a hacer un milagro a perder la confianza y necesitar ser rescatado.

Dichoso tú, Simón, hijo de Jonás—dijo Jesús—, porque eso no te lo reveló ningún mortal sino mi Padre que está en el cielo. Yo te digo que tú eres Pedro. Sobre esta piedra edificaré mi iglesia y las puertas de los dominios de la muerte no prevalecerán contra ella. Te daré las llaves del reino de los cielos; todo lo que ates en la tierra quedará atado en el cielo y todo lo que desates en la tierra quedará desatado en el cielo.

Las historias continúan a lo largo de los relatos evangélicos, incluyendo un caso asombroso en Mateo 16 cuando Jesús preguntó a sus discípulos quién creían que era Él, a lo que Simón Pedro respondió tan bien que Jesús dijo:

"Dichoso tú, Simón, hijo de Jonás —dijo Jesús—, porque eso no te lo reveló ningún mortal, sino mi Padre que está en el cielo. Yo te digo que tú eres Pedro. Sobre esta piedra edificaré mi iglesia y las puertas de los dominios de la muerte no prevalecerán contra ella. Te daré las llaves del reino de los cielos; todo lo que ates en la tierra quedará atado en el cielo y todo lo que desates en la tierra quedará desatado en el cielo. Mateo 16:17-19).

Es aquí donde Jesús, proféticamente, miró a los ojos y al corazón de Pedro y le cambió el nombre: ya no sería una débil caña sacudida por el viento, empujado y zarandeado por las circunstancias y las presiones internas. Su nombre sería Pedro, que significa "una roca". Donde antes era endeble, ahora sería sólido.

Y, sin embargo, apenas unas líneas más abajo, Pedro ya había dado marcha atrás hasta el punto de que Jesús se vio obligado a emitir una de sus reprimendas más fuertes de las que se tiene constancia: "Jesús se volvió y dijo a Pedro: "¡Aléjate de mí, Satanás! Quieres hacerme tropezar; no piensas en las cosas de Dios, sino en las de los hombres" (Mateo 19:23).

En uno de los momentos más importantes de la historia, Pedro, uno de los tres discípulos más cercanos a Jesús debido a sus características emergentes "como una roca", perdió la fe de forma muy pública, desmintiendo a Jesús tres veces sólo unas horas después de decirle a su Maestro que estaba dispuesto a dar la vida por Él.

Sin embargo, gracias a Dios, éste no fue el final de la historia. A pesar de que Jesús cambió públicamente su nombre, Simón, la caña, no fue capaz de dejar de ser un débil e incoherente seguidor del Salvador que tan apasionadamente amaba. Incluso después de tres años de ocupar uno de los lugares más cercanos en la vida de Jesús, sus milagros, sus palabras. Incluso después de una letanía de reprimendas, de correcciones y de que Jesús trabajara en el carácter de Pedro, éste siguió siendo una caña en sus acciones, incapaz de vivir con la firmeza y la fuerza a la que Jesús le estaba llamando tan claramente.

Y entonces, justo cuando uno pensaría que la historia de Pedro terminaría en tristeza y derrota, ocurrió uno de los milagros más importantes del mundo. Días después de la crucifixión y resurrección de Jesús, Él vino a restituir a Pedro en el apostolado. Después de eso, les dijo a todos los discípulos que permanecieran juntos y esperaran a que Él enviara a Su Ayudador. Entonces, en el aposento alto de una casa llena de seguidores de Jesús, llegó para ellos el Espíritu Santo.

Fue la venida del Espíritu Santo lo que convirtió a Pedro en una verdadera roca y, al mismo tiempo, estableció la Iglesia que Pedro ayudaría a dirigir:

> *"Cuando llegó el día de Pentecostés, estaban todos juntos en el mismo lugar. De repente, vino del cielo un ruido como el de una violenta ráfaga de viento y llenó toda la casa donde estaban reunidos. Aparecieron entonces unas lenguas como de fuego que se repartieron y se posaron sobre cada uno de ellos. Todos fueron llenos del Espíritu Santo y comenzaron a hablar en diferentes lenguas, según el Espíritu les concedía expresarse"* (Hechos 2:1-4).

Se reunió una gran multitud, entre la que se encontraban muchas de las mismas personas que antes habían presenciado cómo Pedro negaba a Jesús, y necesitaban que alguien les explicara lo que significaba aquel momento.

Pedro, entonces lleno del Espíritu Santo, se puso en pie y predicó uno de los mensajes más importantes jamás compartidos. El resultado fue el comienzo de un movimiento que ha durado más de 2.000 años y del que confío en que usted forme parte hoy: "los que recibieron su mensaje fueron bautizados y aquel día se unieron a la iglesia unas tres mil personas" (Hechos 2:41).

Gran parte de la historia de Pedro se centra en ayudar a que cada vez más personas oyeran hablar de Jesús, creyeran en Él, eligieran seguirle y recibieran el don del Espíritu Santo. Para Pedro, el Espíritu Santo es quien marca la diferencia, el Ayudador, el Consolador. El Espíritu Santo es el que le capacitó y le impulsó a oír la voz de Dios con mayor claridad y a obedecerla, a vivir en la presencia de Dios y a superar los obstáculos y la adversidad para llevar a cabo la misión o el propósito que Dios le había encomendado.

Pedro aprendió la importancia del Espíritu Santo al ser testigo presencial del lugar que el Espíritu Santo había tenido en el propio ministerio de Jesús. Antes de hacer ningún milagro, cuando Jesús fue bautizado en agua por su primo, Juan el Bautista, el Espíritu Santo descendió como una paloma para bautizarle también en el Espíritu. Después, Jesús fue conducido por el Espíritu al desierto para un largo tiempo de ayuno y oración, "lleno del Espíritu Santo". Inmediatamente después, regresó, entró en una sinagoga y leyó Isaías 61:1:

> "*El Espíritu del Señor y Dios está sobre mí, por cuanto me ha ungido para anunciar buenas noticias a los pobres. Me ha enviado a sanar los corazones heridos, a proclamar libertad a los cautivos y la liberación de los prisioneros*" (Vea también Mateo 4:1-17).

En una de las últimas conversaciones de Jesús con los discípulos, compartió con ellos el poder y la promesa del Espíritu Santo. Les explicó que sería mejor para ellos que Él se fuera porque entonces pediría al Padre que les concediera este poderoso don (véase Juan 16:7), y el Espíritu Santo entraría en sus corazones y en sus vidas. Él los convencería cuando no estuvieran respondiendo a la voz de Jesús, a Sus caminos, a Su corazón. Les recordaría lo que Jesús ya les había dicho. Él los guiaría a la profundidad total de los propósitos de Dios para sus vidas.

Somos seguidores de Jesús en la medida en que seguimos actualmente a Jesús. Él nos invita no sólo a abrazarle como un sabio maestro o incluso como alguien que limpia nuestros errores del pasado, sino como el Señor y Rey de nuestras vidas. La relación íntima y constantemente interactiva que vemos antes de la Caída en el Jardín, donde Adán y Eva caminaban y hablaban con Dios cada día, lo que vemos en Abraham aprendiendo a vivir con Dios a lo largo de su jornada, y luego en la vida que Jesús vive en dependencia del Padre al llenarse de la dirección del Espíritu Santo y someterse a ella, para eso estamos hechos nosotros también.

No podemos seguir a Jesús sin recibir el Espíritu Santo y aprender a vivir nuestra vida según su dirección y en su poder. Hoy en día, la versión del cristianismo que incluye cantar canciones bonitas en auditorios cómodos, escuchar buenos mensajes y leer versículos bonitos en nuestras Biblias está perdiendo a la próxima generación porque le falta el poder del Espíritu Santo. De alguna manera, incluso el corazón más perdido y quebrantado sabe que debe haber algo más. El grupo original de creyentes que recibió el poder del Espíritu Santo el mismo día en que Pedro se transformó de caña en roca pronto fue descrito como aquellos "que han trastornado el mundo ("puesto de cabeza") (Hechos 17:6).

En Hechos 2, cuando el Espíritu Santo descendió sobre este original grupo de seguidores de Jesús, se formó la Iglesia. Fue la presencia residente del Espíritu Santo la que transformó a Pedro y convirtió una reunión aparentemente aleatoria de personas en el cuerpo de Cristo. Del mismo modo que el Espíritu Santo entró en Jesús para llenarle, guiarle y capacitarle para el ministerio y los milagros que cambian vidas, el Espíritu Santo entra hoy en nuestra vida para llenarnos, guiarnos y capacitarnos para amar a aquellos que Dios acerque a nosotros.

También veremos a una nueva generación llegar a creer y seguir a Jesús. Nosotros también aprenderemos a vivir de manera que ponga al "mundo de cabeza". Al Espíritu Santo se le llama el Consolador (véase Juan 14:26). Él está constantemente en movimiento: haciendo que todas las cosas sucedan para nuestro bien. No queremos vivir nuestras vidas sin el Consolador; no podemos vivir vidas eficaces sin Él. A medida que exploremos este último principio olvidado en los siguientes capítulos, habrá historias y más razones y maneras de vivir en el poder del Espíritu Santo. Sepa esto para empezar: El Espíritu Santo le guiará hacia una vida milagrosa, definida por Dios. Él le dará palabras, ideas, esperanza y ayuda, y es Él quien cumplirá la voluntad de Dios para usted. El Espíritu Santo hace posible cualquier otro principio olvidado, y este principio olvidado cambiará su vida de maneras absolutamente asombrosas.

En la medida en que recuperemos estos principios, en la medida en que recibamos este don del Espíritu Santo y aprendamos a caminar en su poder, nosotros también veremos a una nueva generación llegar a creer y seguir a Jesús. Nosotros también aprenderemos a vivir de manera que trastorne al mundo y lo ponga de cabeza. Al Espíritu Santo se le llama el Consolador (véase Juan 14:26). Él está constantemente en movimiento: haciendo que todas las cosas sucedan para nuestro bien. No queremos vivir sin el Consolador; no podemos ser eficaces sin Él. A medida que exploremos este último principio olvidado en los siguientes capítulos, habrá historias y más razones y maneras de vivir en el poder del Espíritu Santo. Sepa esto para empezar: El Espíritu Santo le guiará hacia una vida milagrosa, definida por Dios. Él le dará palabras, ideas, esperanza y ayuda, y es Él quien cumplirá la voluntad de Dios para usted. El Espíritu Santo hace posible cualquier otro principio olvidado, y éste cambiará su vida de maneras absolutamente asombrosas.

CAPÍTULO 22

UN VISTAZO A VIVIR EN EL PODER DEL ESPÍRITU SANTO

Cuando era un juvenil pastor de jóvenes, tuve la bendición de estar conectado a dos líderes que reconocieron el llamado de Dios en mi vida e intervenían continuamente para enviarme a ir y estar con personas que pudieran ayudarme a crecer. Un verano, me enviaron a hacer un internado con el ministerio juvenil de una vibrante iglesia del centro de la ciudad en Pittsburgh, Pensilvania. Cerca del final de las prácticas y justo al final de una conferencia de fin de semana, el pastor de jóvenes y el pastor de evangelismo de la iglesia me agarraron y me llevaron por una escalera hasta una pequeña aula para conocer a una madre y a su hija de 16 años.

La hija, que parecía muy triste y un poco enfadada, se sentó en un pupitre mientras los cuatro, los dos pastores, la madre y yo, la rodeábamos. El pastor de evangelismo dijo: "Vamos a orar". Con un atrevimiento poco característico, interrumpí para preguntar: "Disculpe, ¿Podría decirme por qué estamos orando?". El hombre hizo un gesto a la madre para que se explicara. "Mi hija no quiere escucharme. No le va bien y no lo voy a tolerar". Yo era nuevo en esto de saber escuchar a Dios, pero mientras la madre hablaba, le oí decir claramente: "El problema no es sólo la hija".

Los hombres empezaron a orar el tipo de oraciones religiosas que a veces oran los pastores cuando sus corazones no están conectados con aquello por lo que están orando: "Señor, ayuda a esta joven a escuchar lo que su madre le está diciendo". Cuanto más oraban, más empezaba a sentir mi corazón algo que nunca antes había sentido. Sólo había conocido a Jesús y había sido llena del Espíritu Santo durante unos pocos años. Era muy nueva en esto de oír la voz de Dios. Sin embargo, podía sentir una intensa sensación de injusticia surgiendo en mí mientras orábamos. Había que hacer o decir algo diferente. Allí estaba yo, una joven interna, rodeada de hombres de Dios experimentados y de una mujer que era claramente mayor que yo. A medida que aumentaba la tensión, no estaba seguro de qué hacer o qué decir.

Finalmente, llegó mi turno de orar. No pude evitar interrumpir la oración y dirigirme a la niña para decirle: "Siento que Dios quiere decirte que usted no es un problema. Usted es una princesa. Se necesita una joven especial incluso para entrar en esta sala y sentarse aquí mientras oramos por usted. Muchos jóvenes no estarían dispuestos a sufrir esto. Todos los jóvenes luchan a veces para relacionarse con sus padres. Eso no la convierte en un problema". Entonces oré y los demás también empezaron a orar de forma diferente. Había percibido algo por el poder del Espíritu Santo, actué en consecuencia y vi cómo el Espíritu Santo lo cambiaba todo.

Cuando dijimos "Amén", la niña se lanzó del pupitre a mis brazos mientras rompía a llorar. La abracé un momento y entonces ocurrió un milagro. Me empujó hacia atrás y corrió a los brazos de su madre mientras las dos mujeres caían al suelo, ambas llorando. Podía oír a la madre decir una y otra vez: "Lo siento mucho, cariño. Lo siento mucho".

Las lágrimas inundaron mi rostro, di la vuelta y salí de la habitación, diciéndole al Señor: "Jesús, por favor, permíteme ser parte de hacer eso una y otra vez en mi vida".

CAPÍTULO 23

¿POR QUÉ VIVIR EN EL PODER DEL ESPÍRITU SANTO?

También para usted es un punto crítico seguir la guía del Espíritu Santo en su vida. El Espíritu Santo lo cambia todo. Él le proporciona información y una conexión constante con la voz de Dios. Él le dará ideas creativas que nunca tendría de otra manera. Le ayudará a ayudar a los demás de formas que perduren. Vivir su vida en el poder del Espíritu Santo significa que no vivirá su vida en su propio poder o en el poder del mundo. Tendrá acceso constante al poder de Dios y a los caminos de Dios. Vivir su vida en el poder del Espíritu Santo le libera de sus mejores esfuerzos y le lanza a una vida para la que fue hecho. Las siguientes son siete razones de por qué.

1. Usted fue hecho para vivir en el Espíritu.

Hay una larga lista de elementos que creemos que necesitamos para para ser felices: Si tan sólo pudiera conocer a la persona de la que me enamoraré, y que se enamorará de mí. Si tan solo pudiera graduarme en la universidad y conseguir un gran trabajo. Si pudiera ganar mucho dinero. Si pudiera ser famoso y conocido. Incluso más profundas que esas cosas son los **Elementos olvidados** que se exponen en este libro: Escuchar Su voz. Vivir en Su presencia. Conocer Su llamado para nuestra vida y entonces vivir en él.

Aunque varias de estas cosas son claves para conocer y estar cerca del Dios que le creó, todas ellas establecen el final de los **Elementos olvidados**. Usted fue creado por Dios, que es espíritu, para vivir una vida plena y guiada por el Espíritu Santo. Si bien usted no puede llegar a vivir en el Espíritu Santo sin oír y obedecer Su voz; Su voz es una voz espiritual que le llama a una vida guiada por el Espíritu, a vivir en intimidad con Dios en todo momento y es la clave para vivir la vida en el Espíritu Santo. Sin embargo, si practicara Su presencia con toda diligencia, pero se quedará corto a la hora de encontrar el poder del Espíritu Santo en su vida diaria, se quedaría sin aquello para lo que fue creado.

Usted fue creado por el Poderoso, Elohim, el Creador de todas las cosas, cuyo Espíritu se movía sobre la superficie de las aguas y formó todo lo que existe. Usted fue llamado a ser un discípulo de Jesús, que demostró lo que puede ser la vida en el Espíritu Santo, realizando un milagro asombroso y transformador tras otro. Usted fue hecho para estar entre aquellos que continuarían un movimiento que estalló en existencia en el libro de los Hechos. Hombres y mujeres corrientes, pescadores, comerciantes, hermanos, madres e hijas fueron llenos del Espíritu Santo y en poco tiempo pusieron el mundo patas arriba. Usted está hecho para vivir de la misma manera, y no se conformará con menos.

2. Usted recibe lo que Jesús prometió

Jesús habló a sus discípulos sobre la promesa del Espíritu Santo (Comienza en Juan 14 y termina en Juan 16). El expuso una lista de formas en las que nos beneficiaríamos de la venida del Espíritu Santo a nuestra vida:

- **Un pastor dentro de nosotros.** *"Pero el Consolador, el Espíritu Santo, a quien el Padre enviará en mi nombre, les enseñará todas las cosas y les hará recordar todo lo que he dicho"* (Juan 14:26). Jesús prometió que el Espíritu Santo les enseñaría todo lo que necesitan saber y les recordaría todo lo que Jesús había dicho. Él le pastoreará continuamente, guiándole a través de todos los desafíos en su vida.

- **Él nos enseña a Jesús.** "Cuando venga el Consolador que yo les enviaré de parte del Padre, el Espíritu de verdad que procede del Padre, él testificará acerca de mí" (Juan 15:26). Es difícil imaginar una promesa mayor que tener al Espíritu Santo, una persona de la Trinidad, viviendo dentro de usted y hablándole de Jesús, invitándole más cerca de Él en cada momento de su vida. El Espíritu Santo le acerca continuamente a Jesús, que le acerca continuamente al Padre.

- **Él nos presenta a Jesús.** *"Cuando venga el Consolador que yo les enviaré de parte del Padre, el Espíritu de verdad que procede del Padre, él testificará acerca de mí"* (Juan 15:26). Es difícil imaginar una promesa mayor que tener al Espíritu Santo, una persona de la Trinidad, viviendo dentro de usted y hablándole de Jesús, invitándole a acercarse a Él en cada momento de su vida. El Espíritu Santo le acerca continuamente a Jesús, quien le acerca continuamente al Padre.

- **Nos muestra lo que no es Jesús.** *"Y cuando él venga, convencerá al mundo de su error en cuanto al pecado, a la justicia y al juicio"* (Juan 16:8). Cuando Jesús murió en su lugar en la Cruz, destruyó la condena y su sentencia DE un castigo severo por sus errores y defectos. Su muerte satisfizo la sentencia de muerte que requieren sus pecados. Por lo tanto, no hay condenación, pero en su lugar encontrará la muy útil herramienta de la convicción. El Espíritu Santo, promete Jesús, convence a su corazón y a su conciencia de las acciones que están fuera de la voluntad de Dios.

A medida que usted avanza en su vida diaria, se cansa o se siente tentado, comienza a desconectarse de Jesús y elige cosas menores, el

Espíritu Santo enciende una alarma interna, advirtiéndole que se está alejando de Jesús y que necesita dar un giro. Al mismo tiempo, sólo el Espíritu Santo puede convencer y convencerá a otras personas de dónde están tomando decisiones que les alejan de Dios y que traerán consecuencias devastadoras. Su trabajo no consiste en enderezar a los demás, llevar la cuenta de sus errores o gritarles por sus equivocaciones.

Usted debe amar y servir a la gente, y es el Espíritu Santo quien hará justicia, enderezará todo y limpiará a todos.

- **Un sistema de dirección integrado.** *"Pero cuando venga el Espíritu de la verdad, él los guiará a toda la verdad, porque no hablará por su propia cuenta, sino que dirá solo lo que oiga y les anunciará las cosas por venir.* Él me glorificará porque tomará de lo mío y se lo dará a conocer a ustedes. Todo cuanto tiene el Padre es mío. Por eso les dije que el Espíritu tomará de lo mío y se lo dará a conocer a ustedes" (Juan 16:13-15). El Espíritu Santo le proporcionará un sistema de dirección sobrenatural, un motor de búsqueda y un superordenador, todo en uno. Incrustado en su corazón y en su mente para darle perspicacia, el Espíritu Santo le proporciona guía y poder mientras vive su vida y ama a los demás."

- El profeta Isaías predijo este don en Isaías 30: 20-21 cuando escribió: "Aunque el Señor te dé pan de adversidad y agua de aflicción, tus maestros no se esconderán más; con tus propios ojos los verás. Ya sea que te desvíes a la derecha o a la izquierda, tus oídos percibirán a tus espaldas una voz que te dirá: 'Este es el camino; síguelo'". En realidad, Jesús dijo a los discípulos que tener el don del Espíritu Santo dentro de ellos sería incluso más útil que tener al propio Jesús allí en carne y hueso. Nunca más estarían separados de la sabiduría, el poder y la guía de Dios. Nunca más estarían ellos, o ahora usted, desamparados o perdidos. Incluso cuando atraviesen dificultades y sufrimientos, seguirán oyendo Su voz y Su dirección.

- **El poder para cumplir su misión**: "No se alejen de Jerusalén, sino esperen la promesa del Padre, de la cual les he hablado: Juan bautizó con agua, pero dentro de pocos días ustedes serán bautizados con el Espíritu Santo" (Hechos 1:4-5). "Pero cuando venga el Espíritu Santo sobre ustedes, recibirán poder y serán mis testigos tanto en Jerusalén como en toda Judea y Samaria, hasta en los confines de la tierra" (Hechos 1:8). No se ponga en marcha hasta que reciba este don que le cambiará la vida.

Es el Espíritu Santo quien le proporciona el poder de seguir a Jesús para alcanzar a las personas heridas y atraerlas a creer en Jesús. Es el Espíritu Santo quien le da el poder para conocer a Jesús y seguirle, llegando a depender tanto de Él que nuestras propias acciones y vidas cautivan a la gente cuando interactuamos con ella. Es el Espíritu Santo quien realiza actos milagrosos, sanando, ayudando y revelando que Él es la respuesta a sus luchas y dolor. Es el Espíritu Santo quien guiará sus palabras para llegar al corazón de las personas, desbloqueándolas para que crean y elijan confiar en Jesús y seguirle. Sin el Espíritu Santo, usted no puede hacer nada. Con Él, el mismo ministerio eficaz que ve en la vida de Jesús en los Evangelios comienza a fluir a través de su vida, tanto individualmente como junto a otros creyentes con los que Jesús le une.

3. Obtendrá acceso continuo a Aquel que es más poderoso que nada ni nadie en el mundo.

No hay nada que pueda rivalizar o acercarse al poder del Espíritu Santo. El mismo Espíritu que resucitó a Cristo de entre los muertos está ahora vivo en nosotros (véase Romanos 8:11). Sabiendo esto, usted levanta un altar con su vida, una historia tras otra de hechos llenos de fe que cambian su vida y la de los demás. La vida en el poder del Espíritu Santo es una vida de adoración, una vida libre del quebranto del mundo, una vida que es eficaz e impactante, que satisface cada lugar vacío, seco y olvidado de su corazón. Sólo tiene que pedirlo, y Él es suyo.

4. Usted se vuelve como Jesús.

Hay una palabra que suena extraña, *santificación*, que se ha usado a través de la historia de la Iglesia y que tiene poco atractivo hoy en día. Sin embargo, esta palabra capta uno de los aspectos más poderosos e importantes de lo que el don del Espíritu Santo hace en usted: Es adonde el Espíritu Santo lo está llevando continuamente en su vida, cada vez más profundamente hacia una vida de fe y comunión con Jesús, recreando la personalidad, el carácter, el amor y la vida de Jesús en la nuestra. *Santificación* significa literalmente apartar algo o a alguien para el uso y propósito especial de Dios.

Sin embargo, usted lo experimenta en su vida cuando el poder milagroso del Espíritu Santo identifica comportamientos, pensamientos y deseos que persisten desde antes de que usted conociera a Jesús. Entonces Él le convence de estas cosas y produce en su corazón el deseo y la capacidad de cambiar. Usted no es capaz ni está llamado a hacerlo por sí mismo. Es el Espíritu Santo quien lo lleva a ser más y más gobernado por Él, haciéndolo a usted como es Él: Santo.

5. Usted recibe el consuelo de Dios, el único que satisface su corazón.

Esta insatisfacción o el hambre y la sed dentro de usted es realmente un síntoma espiritual de que usted fue hecho para vivir más cerca de Dios. El don del Espíritu Santo es como un "mensajero" que lleva todo el amor, la paz, la dulzura y el afecto de Dios para usted y lo trae a su vida. A medida que aprende a acercarse al Espíritu Santo, a relacionarse con Él cada vez más y a ceder a su dirección, usted recibe Su consuelo de formas que satisfacen y sacian profundamente su corazón. Es experimentará una paz auténtica que sobrepasa todo entendimiento, con tanta profundidad que reconoce cuán amado es usted y eso se transforma en alegría.

6. Obtendrá acceso al fruto y a los dones del Espíritu Santo.

En el libro de Gálatas, capítulo 5, versículos 22-23, Pablo escribió una lista de frutos o dones del Espíritu Santo: *"Pero el fruto del Espíritu es amor, gozo, paz, paciencia, benignidad, bondad, fidelidad, mansedumbre y dominio propio".* Es fácil leer esta lista y subestimar lo que ofrece cada palabra. Nuestras definiciones en español dejan la impresión de que todas son muy bonitas, pero poco emocionantes. Sin embargo, si usted profundiza, esta lista está llena de un poder revolucionario que le cambiará la vida.

- Amor. El amor no es simplemente dibujar corazones rojos junto al nombre de alguien y decir que seremos mejores amigos para siempre. Es algo más que un deseo genérico y utópico de tratar a todas las personas con respeto o incluso con romanticismo. La palabra específica para el amor es la palabra griega "ágape", y no se parece a ningún otro amor. Es un amor que no necesita ser correspondido, que no busca lo suyo. Es un amor que sale directamente del corazón de Dios y que llena nuestra vida hasta el punto de que salimos a darlo sin necesidad de que alguien haga lo mismo a cambio. Nos permite amar a los que no son amados, perdonar, ser abofeteados en la cara y rechazados y seguir amando. Es el amor que Jesús mismo vivió al amarnos mientras éramos sus enemigos. Es un amor que puede llegar hasta el quebrantamiento de otra persona y participar en el rescate que Dios hace de su corazón y de su vida.

- Gozo. La palabra griega para "gozo" se parece bastante a la palabra "gracia". Se define como la conciencia de la gracia y el favor de Dios. En realidad, es regocijarse a causa de la gracia. Es el gozo que surge de la conciencia de que Jesús está con usted, le ama y está extendiendo su favor en cada momento de su vida.

- Paz. Esta no es sólo la paz que significa tranquilidad o un cese de la violencia. En hebreo, esta palabra es "shalom", y se refiere más al concepto de plenitud. Shalom es plenitud de vida, provisión, amor, justicia y todo lo que una persona o una comunidad pueda necesitar.

- Paciencia. Esta es una cualidad de Dios. Es la paciencia regulada por Dios que implica esperar el tiempo suficiente antes de expresar ira y evitar el uso prematuro de la fuerza para resolver las cosas que surgen de una ira inapropiada. La paciencia es sufrir bien, no necesitar resolver algo que causa tensión para dar espacio a que una persona o situación crezca.

- Benignidad. Esta es una de las grandes. La palabra griega *"xrestotes"* significa utilizable, lo que realmente se necesita, la bondad que es procesable. Es una bondad útil que satisface necesidades reales en el momento y a la manera de Dios. En lugar de "ser amable", es una bondad potenciada por el Espíritu que produce una ayuda eficaz y no se ve empañada por la dureza humana.

- Bondad. La palabra "bueno" o "como Dios" describe lo que procede de Dios y es potenciado por Él en la vida de una persona a través de la fe. Cuanto más se someta usted a la dirección del Espíritu Santo, más se llenarán su corazón y su vida de Su vida y Su poder o, en otras palabras, de Su bondad.

- Fe. Como se mencionó anteriormente, la fe puede definirse como escuchar las palabras de Dios habladas a su corazón y confiar en ellas hasta el punto de responder con la acción. La fe es una conversación con Dios que da lugar a una relación y a la obediencia. Una vida de fe es en gran medida una puerta de entrada a la vida en el poder del Espíritu Santo.

- Mansedumbre. La mansedumbre significa fuerza

amansada, poder con moderación, mansedumbre o fuerza bajo la dirección de Dios. La mansedumbre comienza con la inspiración del Espíritu Santo y termina con su dirección y poder. Es una virtud divinamente equilibrada y sólo puede operar a través de la fe.

- Autodominio. El autodominio no significa que usted se controle a sí mismo, sino que es eficaz en permitir que usted mismo se someta al control del Espíritu. Esto sólo puede lograrse con el poder del Señor. Por eso es un fruto del Espíritu Santo.

7. Usted es sanado y llenado, hasta rebosar.

El Espíritu Santo realiza una obra persistente, buena y eficaz. Cada una de estas razones por las que necesita aprender a vivir en el poder del Espíritu Santo sólo empiezan a detallar el cuidado íntimo y la liberación que recibirá cuando el Espíritu actúe en usted. El sentimiento de sentirse constantemente defraudado por su vida no es erróneo. Usted no fue hecho para comprometerse y conformarse con un corazón arruinado y sueños a medio cumplir. No, el Señor es completamente bueno, e incluso cuando hay momentos difíciles y dolorosos en los que el Espíritu está tratando con su pecado para sustituirlo por fruto. Él quiere un bienestar completo para usted. Sanidad completa de todo pecado cuando reciba la llenura del Espíritu Santo. Su objetivo es no dejar ninguna mácula de tinieblas en su corazón; el Espíritu intervendrá incansablemente hasta que esté completamente lleno de luz en todos los sentidos.

A medida que Él hace esta obra en usted, Él continuará colmándolo con Su abundancia, y usted tendrá algo que dar a otros para traerlos también a esta vida. El Espíritu le llenará mientras le sana. Él le usará (incluso mientras usted sea todavía una obra en progreso) para cambiar las vidas de otros. Y no tendrá que preocuparse por tener suficiente para usted y para ellos; el Espíritu tiene mucho para cada corazón que anhela dejar atrás el pecado y el dolor por la obra milagrosa, misericordiosa y completa de Dios.

El Espíritu Santo es el cumplidor de la voluntad de Dios en el mundo. Cualquier cosa que usted se proponga hacer en fe requerirá el poder del Espíritu Santo. No es un añadido opcional ni un personaje menor dentro de la Trinidad. El Espíritu Santo es el Espíritu de Dios que le ha sido dado para que le sea posible escuchar y obedecer Su voz, vivir íntimamente conectado con Dios, abrazar una vida de fe incluso cuando haya sufrimiento, y descubrir y cumplir su propósito. El Espíritu Santo es el mismo espíritu que resucitó a Cristo de entre los muertos, y está obrando en usted (véase Romanos 6:10-11).

CAPÍTULO 24

¿CÓMO VIVIR EN EL PODER DEL ESPÍRITU SANTO?

El Espíritu Santo no obra según lo que usted considera razonable o sensato. El Espíritu Santo no está limitado por usted, aunque viva y opere en usted. El Espíritu Santo es el Espíritu de Dios moviéndose siempre hacia el cumplimiento de la voluntad de Dios. Aprender a vivir en Su fortaleza y en Sus caminos tomará algún tiempo, porque será ilógico a lo que es natural para usted. Él le ayudará (después de todo, Él es llamado el Ayudador), y usted crecerá. Aprender a vivir su vida en el poder del Espíritu Santo es un proceso de aprendizaje apasionante y esencial que repercutirá en todos y cada uno de los aspectos de su vida. Este capítulo se centra en seis formas de aprender a hacerlo.

1. Tome su cruz, niéguese a sí mismo y sígale.

De nuevo, esto lo aprende de su guía práctica. Jesús no es un ejemplo para su vida; Jesús es el ejemplo para su vida. Jesús esperó hasta el momento indicado por Dios para hacer su ministerio, y antes de ir, fue bautizado primero en agua y después en el Espíritu Santo. Vivió en constante dependencia del Padre y del poder del Espíritu Santo.

Es mucho más sencillo de lo que hacemos ver. Jesús es nuestro ejemplo, y Él le dice lo que se requiere: tome su cruz, niéguese a sí mismo y sígalo.

Él es su ejemplo a seguir. Y este es la clave: Se requiere la obra del Espíritu Santo para que usted reconozca que su propia vida y sus propios caminos no funcionarán. El Espíritu Santo es necesario para que usted intente siquiera querer Sus caminos. De hecho, el Espíritu Santo es necesario para que cualquier cosa en su vida dé fruto.

En la medida en que usted experimente la cruz, y en la ex- tención en que usted mismo sea quebrantado en la cruz, es en la medida en que experimentará el poder de Pentecostés: el poder de la resurrección. Aunque le parezca contrario a la lógica, es a la vez lo que usted desea y lo que necesita desesperadamente.

2. Ser bautizado en agua.

Jesús fue lleno del Espíritu Santo tan pronto fue bautizado en agua. Hay una razón para ello. Cuando usted es bautizado en agua, abandona su vieja vida: la vida separada e independiente de Dios, la forma en que vive el mundo. Cuando Adán y Eva se apartaron de Dios para seguir la voz del enemigo, la humanidad, y la creación con ellos, cayeron en vidas desconectadas de Dios, muertas a Su voz, muertas a Su vida y muertas a Su voluntad. Es horrible. Es un rechazo a Dios, a Su bondad y a Su lugar en sus vidas y, como resultado, un rechazo al perdón que Jesús ha comprado para ustedes con Su muerte en la cruz. Aunque uno no fue hecho para vivir de esta manera y trae consigo la muerte inmediata, Dios ha dado a los seres humanos la libertad de elegir.

El bautismo en agua es una decisión suya, hecha para que todo el mundo natural y espiritual la vea, declarando que está entregando toda su vida, enterrándola bajo las aguas bautismales para que pueda resucitar con Jesús de nuevo, naciendo a una nueva vida con Él, la forma en que Dios quiso que viviera. Pablo describe el poder de ser bautizado en agua en Romanos 6:3-4:

> "¿Acaso no saben ustedes que todos los que fuimos bautizados para unirnos con Cristo Jesús en realidad fuimos bautizados para participar en

su muerte? Por tanto, *mediante el bautismo fuimos sepultados con él en su muerte. De modo que, así como Cristo resucitó por el glorioso poder del Padre, también nosotros andemos en una vida nueva".*

Pablo continúa diciendo que al morir "con Cristo" ahora "vivimos con Él". La muerte y la desconexión a las que una vez nos entregábamos, dejando que nos dominaran, ahora "ya no tienen dominio sobre nosotros". Somos verdaderamente libres y, con esa libertad, somos libres para abrir nuestras vidas al don del Espíritu Santo.

3. Ser lleno del Espíritu Santo.

Hechos 8:9-25, relata la historia de Pedro y Juan, que fueron enviados a Samaria para instruir a los samaritanos que habían creído en Jesús:

> "Cuando los apóstoles que estaban en Jerusalén se enteraron de que los samaritanos habían aceptado la palabra de Dios, les enviaron a Pedro y a Juan. Estos, al llegar, oraron por ellos para que recibieran el Espíritu Santo, porque el Espíritu aún no había descendido sobre ninguno de ellos; solamente habían sido bautizados en el nombre del Señor Jesús. Entonces Pedro y Juan les impusieron las manos y ellos recibieron el Espíritu Santo".

Leemos aquí que los samaritanos habían sido bautizados en agua, pero no habían recibido el Espíritu Santo. Solucionar esto fue sencillo: Pedro y Juan oraron con ellos y fueron llenos del Espíritu Santo. Una vez que usted cree en Jesús y permite que sus palabras fluyan en su corazón, su espíritu nace de nuevo. Usted vuelve a vivir.

Usted ha tenido un espíritu que no conoce y que nunca ha ejercido antes. Entonces es necesario que aprenda a ejercitarlo para crecer en el Espíritu Santo. El primer paso para ello es recibir el don del Espíritu Santo que Jesús prometió. Mientras ora para recibirlo, Dios es fiel para llenarlo con el Espíritu Santo y proporcionarle su poder, su presencia y su ayuda para crecer en Él.

En Hechos 2:4, después de obedecer el mandato de

Jesús de esperar al Espíritu Santo, leemos que "Todos fueron llenos del Espíritu Santo y comenzaron a hablar en diferentes lenguas, según el Espíritu les concedía expresarse. "Pablo describe orar en lenguas u orar en el Espíritu Santo diciendo: "Así mismo, en nuestra debilidad el Espíritu acude a ayudarnos. No sabemos qué pedir, pero el Espíritu mismo intercede por nosotros con gemidos que no pueden expresarse con palabras" (Romanos 8:26).

4. Viva los primeros cuatro Elementos Olvidados para crecer en su vida en el Espíritu.

La Biblia dice que Dios es Espíritu, así que la vida en el Espíritu Santo consiste realmente en aprender a interactuar con Dios. Escuchar y responder a la voz de Dios son buenas maneras de empezar. Crecer en su capacidad de vivir cada momento en conexión con Dios, ser consciente de Su presencia y darle toda nuestra atención son otras formas importantes. Vivir de acuerdo con lo que Dios dice, incluso cuando le resulte incómodo, es otra forma de crecer en el Espíritu Santo. Entrar en los propósitos de Dios para su vida profundizará su vida en el Espíritu Santo. Existimos en tres partes: Tenemos cuerpos físicos que contienen nuestros cinco sentidos (vista, oído, gusto, olfato y tacto), y también tenemos almas. Las almas contienen todos los elementos internos en nosotros que no podemos tocar físicamente pero que, no obstante, forman parte de nuestra vida: nuestra personalidad, voluntad, capacidad intelectual, sentimientos, emociones, conciencia y preferencias. Por último, tenemos nuestro espíritu, ahora nacido de nuevo. La vida en el Espíritu implica las tres partes de nosotros: espíritu, alma y cuerpo.

Dios nos dirige a través de nuestro espíritu por medio de su Espíritu Santo, diciéndole a nuestra mente y voluntad lo que Él quiere para nosotros; entonces elegimos obedecer y nuestro cuerpo actúa de acuerdo con lo que Él nos ha mandado. Cuanta más práctica adquiera en las cuatro primeras dimensiones, más fluidamente empezará a vivir en el Espíritu Santo y más fuerte se hará su vida en el Espíritu Santo.

Al principio, el solo hecho de intentar oír su voz es un

paso enorme y requiere una gran fe. A medida que usted se fortalece y profundiza, logra momentos en los que, aunque las circunstancias vayan en una dirección, oye a Dios diciéndole que haga algo que pareciera imposible en lo natural. Usted da un paso al frente en obediencia a Su dirección y ve cómo suceden los milagros, tal y como Jesús dijo que sucederían. Este es el poder de la vida en el Espíritu Santo.

5. Aprenda a rendirse al Espíritu Santo.

"Dios le dijo a Adán en el jardín: "Dios el Señor le ordenó al hombre: 'Puedes comer de todos los árboles del jardín, pero del árbol del conocimiento del bien y del mal no deberás comer. El día que de él comas, sin duda morirás'" (Génesis 2:16-17). Cuando Adán y Eva desobedecieron y se desconectaron de Dios al comer el fruto de ese árbol, las palabras de Dios demostraron ser ciertas. Creer en Jesús permite que nuestro espíritu nazca de nuevo, y el bautismo en agua y a continuación el bautismo en el Espíritu Santo transfiere nuestra vida a su Reino, llenándonos de su vida y su poder. Aun así, nuestros cuerpos tienen en su interior el residuo de la muerte espiritual que experimentamos a la que llamamos pecado.

Con cada paso que damos hacia Dios, cada momento que escuchamos y respondemos a su voz y dirección, crece la vida del Espíritu en nosotros, y se debilita el poder del pecado en nuestra vida. Sin embargo, lo contrario también es verdad. Cada vez que dejamos de creer y de oír y nos alejamos de la voz de Dios y escuchamos las palabras del enemigo, el pecado se fortalece en nosotros y, como resultado, disminuye nuestra fuerza espiritual.

Cuanto más interactúa usted con Dios y recibe Su gracia y Su poder a través del Espíritu Santo, su herida es sanada y pasa a un segundo plano en su vida. Esta es una lucha en la que participará hasta el día de su muerte, pero no es una lucha justa, ya que Juan nos dice que: *"el que está en ustedes es más poderoso que el que está en el mundo"* (1 Juan 4:4). Es sabio pensar en usted como un atleta espiritual, entrenando continuamente para mantenerse creciendo en vida en el Espíritu Santo, resultando en disminuir el dominio del pecado sobre usted.

6. Siga al Espíritu Santo para cambiar vidas.

No tenemos constancia de que Jesús realizara ningún milagro antes de ser lleno del Espíritu Santo. Una vez "lleno y guiado por el Espíritu", se dedicó durante tres años a demostrar el amor y el poder de Dios, cambiando prácticamente la vida de las personas al mismo tiempo que abría sus corazones al amor que Su Padre les tenía. Cerca del final de estos tres años, declaró a sus discípulos que pediría al Padre que se les concediera el don del Espíritu Santo (véase Juan 14:12). La vida y ministerio de Jesús, tan electrizantes por su poder milagroso, se nos ofrece como modelo para vivir e impactar a los demás como Él. Por lo tanto, Jesús es nuestro maestro y nos invita a ser sus discípulos mientras nos guía y enseña a apoyarnos en el poder del Espíritu Santo para alcanzar los corazones de quienes Él pone a nuestro alrededor.

Antes de impactar a los que le rodeaban, Jesús recibió todo lo que necesitaría del Espíritu Santo. El ministerio de Jesús surgió primero de lo que Él había recibido. Él sabía que el Espíritu cuidaría y ayudaría a otros, de la misma manera que lo había hecho con Él. Sabía que el Espíritu capacitaría a otros para realizar milagros, porque así lo hizo con Él.

Lo mismo ocurre con nuestra vida, recibimos el ministerio de la Trinidad a través de la obra del Espíritu Santo y somos usados para ayudar a otros a vivir la misma experiencia. A medida que participamos en el ministerio con Él, Dios también nos ministra a nosotros, y así crece nuestra capacidad de ser guiados fielmente a la obra del Espíritu.

Somos cambiados cuando vivimos en el poder del Espíritu Santo. Él es creativo, contra-intuitivo y en Él están todos los dones y fruto, de manera que cuando se vive bajo su influencia, la vida cambia totalmente. La razón por la que se debe aprender a vivir de esta manera es porque cada acto de fe y cada cambio significativo del corazón son posibles gracias al Espíritu Santo. Lo necesitamos para escuchar y obedecer la voz de Dios y para vivir con Él en intimidad y fe incluso cuando hay dolor. Sin Él no podemos encontrar el propósito de Dios y, por lo tanto, ni vivirlo. Sin el Espíritu Santo es imposible encontrar y vivir el propósito de Dios para la vida. El Espíritu hace posibles los otros cuatro elementos olvidados. El Espíritu hace que todas las cosas sean posibles. Y todos necesitamos aprender a vivir en Su poder.

CAPÍTULO 25

VIVIR LA VIDA EN EL PODER DEL EL ESPÍRITU SANTO: RESUMEN

Vivir en el poder del Espíritu Santo es vivir de forma creativa, sorprendente y diferente a todo lo que se ve en el mundo entero. El Espíritu Santo es el Espíritu del Dios vivo en su corazón antes muerto, que ahora le da dirección y ayuda.

Cada uno de los otros cuatro elementos olvidados se hacen infinitamente más posibles cuando se vive en el poder y llenura del Espíritu Santo. También hace más posibles los otros cuatro. Para ser guiado por el Espíritu, tendrá que someterse a Él, renunciando a todo lugar donde sea guiado por sus propias ideas, emociones o pecado. Tendrá que estar abierto a Su profunda creatividad y sensible a Su voz siempre presente. Cuando viva en el poder del Espíritu Santo, vivirá una vida diferente a cualquiera otra que fuera posible por su propia cuenta.

En esta sección, exploramos este elemento olvidado que cambia vidas, y compartimos las razones del por qué y cómo aprender a vivir en el poder del Espíritu Santo.

¿Por qué vivir en el poder del Espíritu Santo?

1. Usted fue hecho para vivir en el Espíritu.
2. Recibe lo que Jesús prometió.
3. Obtiene acceso continuo a Quien es más grande que cualquier cosa o ser en el mundo.
4. Usted llega a ser como Jesús.
5. Recibe consuelo de Dios, el único consuelo que satisface su corazón.
6. Obtienes acceso al fruto y dones del Espíritu Santo.
7. Usted es sanado y "llenado" hasta exceder su capacidad y entonces, usted se rebosa.

¿Cómo vivir en el poder del Espíritu Santo?

1. Tome su cruz, niéguese a sí mismo y sígale.
2. Sea bautizado en agua.
3. Sea lleno del Espíritu.
4. Viva los primeros cuatro Elementos Olvidos para crecer en el Espíritu.
5. Aprenda a someterse al Espíritu Santo.
6. Siga al Espíritu Santo para cambiar vidas.

Este elemento olvidado quedó atrás porque el Espíritu Santo desafiará todo lo que sea natural en usted. Contradecirá sus patrones pecaminosos y le hará entrar en una fe que no es comprensible para el mundo. Cuando este elemento olvidado sea recordado, usted se unirá a Él en una aventura épica y entrará en la parte asombrosa de la vida de fe. El Espíritu Santo es Dios obrando en la Tierra, viviendo en los corazones humanos. Él hace posibles todas las obras de fe. Es milagroso. Él es nuestro ayudador. Es nuestro guía. Y vivir en el poder del Espíritu Santo dará lugar a historias milagrosas, asombrosas, necesarias y hermosas que pueden cambiar y cambiarán el mundo entero.

UN RESUMEN DE LOS CINCO ELEMENTOS OLVIDADOS

Los cinco elementos olvidados son herramientas esenciales para su camino de fe. No son palabras en una página para que las lea pasivamente y luego las ignore. Tendrá que dar un paso en la fe y vivirlas, y aprender y crecer con ellas. Estas herramientas han cambiado la vida de miles de jóvenes y líderes en todo el mundo. Si las convierte en parte de su vida, también lo cambiarán todo para usted.

Los cinco **elementos olvidados** son:

1. Aprender a oír y obedecer la voz de Dios: *"No solo de pan vive el hombre, sino de toda palabra que sale de la boca de Dios"* (Mateo 4:4).

> Dios habla, y usted tendrá que aprender a oírle y obedecerle para recibir la dirección y la ayuda que necesita para su vida.

2. Aprender a vivir en la intimidad con Dios en todo momento: *"Separados de mí no pueden ustedes hacer nada"* (Juan 15:5).

> Tendrá que aprender a buscar y a vivir en Su presencia, permaneciendo en la Vid. Es la clave

para cultivar su relación con Jesús en Su poder y amor.

3. Abrazar una vida de fe y dolor: (Jesús) *Aunque era Hijo, mediante el sufrimiento aprendió a obedecer"* (Hebreos 5:8).

El sufrimiento es una herramienta que Dios usa para desarrollar la esperanza en usted a medida que aprende a esperar en el Señor para que cumpla Su Palabra y las promesas que le ha hecho en medio de circunstancias conflictivas. Si esto fue cierto para Él, también lo será para usted. Cuando aprenda a trascender el dolor en lugar de evitarlo, podrá lograr cosas en el Señor que serían imposibles de otra manera.

4. Encontrar y cumplir el propósito de Dios para su vida: *"Donde no hay visión, el pueblo se extravía"* (Proverbios 29:18).

Adán, Noé, Abraham, José, Moisés, Samuel, David, Jesús. Pocos líderes de la Biblia llegaron muy lejos sin que Dios revelara fragmentos de Su propósito para su vida. Usted enfrentará mejor los altibajos del proceso de desarrollo de Dios cuando pueda ver que se dirige hacia un lugar maravilloso.

5. Aprender a vivir en el poder del Espíritu Santo: *"No será por la fuerza ni por ningún poder, sino por mi Espíritu —dice el Señor de los Ejércitos—"* (Zacarías 4:6).

Hoy muchas personas actúan espiritualmente, pero les falta el poder y la fecundidad de Él en sus vidas. Tendrán que aprender a caminar por fe cediendo al poder y la dirección del Espíritu Santo. Cuando lo hagan, volverán el mundo al revés.

Estos elementos olvidados deben ser recuperados y recordados. Fueron herramientas que Jesús usó para obedecer al Padre, para vivir en constante contacto con Él y para cambiar el mundo entero. Estos elementos tendrán que regresar con intensidad a la vida de usted y a la de los que siguen a Jesús.

CONCLUSIÓN

Existe un marcado contraste entre la forma en que los humanos hemos intentado históricamente compartir o transmitir su fe y la forma en que Dios lo hace. Hemos escrito libros que detallan las cosas que estamos convencidos de que la gente necesita creer. Dios irrumpe en la vida de las personas usando el cincel y el martillo del tiempo y las experiencias. Los humanos creamos programas sistémicos sobre la relación con Dios y las enseñamos en aulas, mientras que Dios invita a la gente a aventuras manchadas de sudor y empapadas de sol, guiados por Su presencia y su voz. Nosotros puntualizamos nuestro enfoque con pruebas y exámenes finales mientras que Dios lo hace con milagros, liberando a la gente de trampas oscuras al mismo tiempo que da y cumple Sus promesas.

Los elementos olvidados descritos en los capítulos anteriores no se le pueden entregar sin más. Sin embargo, las palabras de este libro pueden ser usadas por Dios para invitarle a su propio y único viaje de formación de amistad con Él. Este libro pone por escrito las intenciones del corazón de Dios de hacer lo que sea necesario para ayudarle a empezar a reconocer y responder a su presencia y a su voz. Este libro puede inspirarle por medio de cómo Dios ha ayudado a otros líderes a lo largo de la historia a seguir Su dirección en situaciones imposibles e incómodas mientras soportaban el dolor de esperar a que Su mano se moviera para luego experimentar el poder de Su salvación y liberación. La clara insinuación es que lo que Él hizo por ellos, está igualmente dispuesto a hacerlo para usted. Usted también puede ser liberado de ideas superficiales y grilletes invisibles que lo han mantenido corriendo en círculos durante demasiados años.

Este libro hace algunas promesas que pueden resumirse en una sola afirmación: Usted fue diseñado para vivir en una relación que defina su vida con el Dios que le creó y ese mismo Dios le ha dado incluso acceso a todos los recursos que necesita para convertirse en Su amigo. ¡Oh, que usted afine sus oídos y su corazón para escuchar las promesas aparentemente extravagantes que a este Dios hacedor y cumplidor de promesas tanto le gusta hacer! **¡Es asombroso** entonces que usted camine hacia los niveles más altos y profundos de amistad posibles con Dios cuando lo vea hacer realidad estas promesas ante sus ojos, con frecuencia por los medios **más tortuos**os e ininteligibles que jamás podría haber imaginado!

No se "graduará" de ninguno de estos **cinco elementos olvidados**. No se convertirán en viejas herramientas enterradas en lo más profundo de su desván intelectual. Al igual que caminar, respirar, comer y beber, se convertirán en parte de usted, en parte de su viaje. Cada día, cada mes, cada año le traerán avances, innovaciones y nuevos conocimientos sobre cada una de ellas. Con la misma frecuencia, descubrirá que estos elementos olvidados le empujan cada vez más profundamente a amar, buscar y responder en obediencia a las Escrituras. Harán que la Biblia cobre vida, y le harán sentir hambre de leer más, saber más y vivir más.

Estas cosas también cambiarán su relación con el Cuerpo de Cristo expresado en una congregación local. Independientemente de lo que la "iglesia" o las "iglesias" hayan sido para usted hasta este momento, estos cinco **elementos olvidados** le llevarán a entregar su vida por las personas de esas iglesias porque experimentará el "hogar" y el amor en medio de ellas de formas nuevas y que lo cambiarán todo. La iglesia nunca volverá a ser un edificio para usted. Su iglesia será una familia espiritual gloriosamente imperfecta que exige lo mejor de usted en lo que será una lucha de por vida.

Necesitará mostrar gracia, amor, apoyo y lo que parecen ser fuentes inagotables de paciencia. Al mismo tiempo, necesitará levantar la voz para desafiar y confrontar a estos mismos miembros de la familia cuando Dios le diga que lo haga. Esta lucha no es para los débiles de corazón, pero Dios está en ella. Nos invita a luchar con Él y nos impulsa a luchar unos con otros, proporcionándonos mutuamente la rendición de cuentas necesaria para crecer en el tipo de fe que tuvieron Samuel, Juan, Pablo, Abraham y Pedro.

Hay algo maravilloso e inesperado en construir estos aspectos centrales y eternos de su relación con Dios. Cada una de estas cinco piezas de la construcción de su relación con Él conlleva un poder exponencial. Tras años de escuchar la voz de Dios y ser dirigido por Él, su vida se construirá sobre Su Palabra, Su sabiduría y Su voluntad. Con cada día, usted será dirigido más y más por Su omnisciencia, Su omnipotencia y Su amor. Como Samuel, Juan, Pablo, Abraham y Pedro, Su voz, Su presencia, una vida de esperanza en Él, de procurar Su propósito y de vivir en el poder de Su Espíritu desatarán la fe y Su presencia en su vida, llevándole a cosas que aún no tiene la capacidad de comprender.

Como se mencionó al principio de este libro, el trabajo de El Niño y La Bola con jóvenes líderes en EE.UU., Latinoamérica y África durante los últimos veinte años ha dejado claro que es imposible crecer en estos cinco elementos sin las tres herramientas de un entrenador, un equipo y un campo de juego. Dado que cada una de estas cosas implica un crecimiento invisible y espiritual en áreas que son contrarias a los modos y culturas de este mundo, al principio crecer en ellas se sentirá muy parecido a intentar volar o respirar bajo el agua. Cada uno de estos elementos olvidados son completamente posibles, pero implican crecer en el tipo de fe que llevó a Pedro a dar pasos sobre la superficie de un lago. Es fácil disuadirse de estas cosas, fácil renunciar a ellas y fácil dar unos pasos hacia ellas y conformarse con experiencias superficiales en cada una. No elija una versión inferior. Use las herramientas y siga adelante.

Si estas piezas olvidadas permanecen olvidadas en su vida, su fe y su relación con Dios, se marchitarán dominadas por el viento y las olas de un mundo que las rodea. Usted empezará a ceder a la creencia de que de poco o nada le sirve un Dios invisible cuyos caminos son tan diferentes de los suyos. Después de un tiempo de no crecer en su relación con Jesús de estas maneras, terminará en que usted se aleje de su fe o, tal vez peor, que se quede estancado mientras su relación con Dios se deteriora hasta convertirse en una religión seca. Vivimos en un mundo que rechaza el cristianismo esencial a cambio de una versión que ha olvidado estas importantes facetas de conocer, confiar y amar a Jesús. La mayoría de las veces no están rechazando realmente a Jesús, sino nuestras versiones superficiales y secas de lo que significa "conocerle" sin conocerle realmente.

Sin embargo, si logramos alcanzar estas cosas, todo cambiará. En el nivel más personal, el mismo poder y la misma vida de resurrección que se mostraron tan poderosamente en Jesús fluirán a través de su corazón y sus relaciones. Su propio corazón prosperará:

> *"Bendito el hombre que confía en el Señor y pone su confianza en él. Será como un árbol plantado junto al agua que extiende sus raíces hacia la corriente; no teme que llegue el calor y sus hojas están siempre verdes. En época de sequía no se angustia nunca deja de dar fruto"* (Jeremías 17:7-8).

Y estas cosas irán más allá de nosotros mismos para producir un cambio de vida sobrenatural y excepcional para los que nos rodean. Estos elementos olvidados que actúan en y a través de nosotros sólo pueden cambiarlo todo. En nuestro mundo que está perdido, que está seco, y adolorido, estas cosas son corrientes y contraculturales de vida, esperanza y promesa.

Tan emocionante como sea leer acerca de los Elementos Olvidados, son excepcionales de vivir.

Ahora, vaya.

NOTAS FINALES

PREFACIO
[1] King Jr., Dr. Martin Luther. *"Redescubriendo los valores perdidos"*. El Instituto Martin Luther King Jr. Instituto de Investigación y Educación. Discurso, 28 de febrero de 1954. https://kinginstitute.stanford. edu/king-

INTRODUCCIÓN: TRES HERRAMIENTAS QUE NECESITARÁ
[2] *La Matriz*. Estados Unidos: Warner Bros, 1999.
[3] Lewis, C.S. *El león, la bruja y el armario*. Geoffrey Bles, 1950.

CAPÍTULO 6: EL APÓSTOL JUAN: A QUIEN JESÚS AMABA
[4] Tozer, A.W. *The Divine Conquest*. Christian Publications, 1950. ("La conquista divina" Publicaciones cristianas, 1950.)

CAPÍTULO 8: ¿CÓMO VIVIR EN INTIMIDAD CON DIOS EN TODO MOMENTO?
[5] Hermano Lorenzo. *La práctica de la presencia de Dios*. Whitaker House, 1982.

CAPÍTULO 13: ¿POR QUÉ ABRAZAR UNA VIDA DE FE Y DOLOR?
[6] Kierkegaard, *Sorensen Temor y temblor*. Penguin Classics, 1986.
[7] Lewis, C.S. *La serie de las Crónicas de Narnia*. HarperCollins, 1950.
[8] *"Chréstotés."* Diccionario griego de Strong: 5544. χρηστότης *(chréstotés)* -- bondad, excelencia, rectitud, 2001. https://bible- hub.com/greek/5544.htm.

CAPÍTULO 11: ¿POR QUÉ ENCONTRAR Y CUMPLIR EL PROPÓSITO DE DIOS PARA SU VIDA?
[9] *Rocky*. Estados Unidos: United Artists, 1976.

A PROPÓSITO DE LOS AUTORES

La vida de Jamie Johnson cambió cuando Jesús entró a su clase de álgebra en la escuela secundaria. Saliendo de su propias heridas y dolor, Jamie quedó tan impactado por la forma en que el Señor le sanó y le ayudó, que inmediatamente dio un vuelco hacia fuera para ver qué ocurriría de nuevo con los que le rodeaban. Cuando tenía dieciséis años, Jamie comenzó su carrera como promotor juvenil en el grupo juvenil de una pequeña iglesia de Florida. En la universidad, el Señor le dio una visión: ¿y si se pudieran crear equipos como ligas de súper-héroes que salieran a impactar a sus ciudades? De ahí nació El Niño y La Bola.

Lo que comenzó como un equipo en San Antonio, Texas, se ha convertido en una organización internacional con equipos en África, América Latina, Oriente Medio y EE UU. En la actualidad, Jamie es el Director Ejecutivo del Niño y La Bola. Él y su esposa, Kathy, tienen tres hijos adultos y viven en Atlanta, Georgia. Jamie y Kathy han entregado sus vidas a ayudar a los jóvenes a alcanzar el propósito que Dios les ha dado.

Originaria de Tennessee, Molly Johnson creció en el norte de Georgia. Cuando conoció a Jesús en octavo grado, su corazón se llenó con la esperanza de que nuestro Dios es un Dios que nos habla. Molly se unió a Niño y la Bola como pasante en la universidad y comenzó a crecer a medida que aprendía que Él es, en realidad, un Dios que habla especial y constantemente a su corazón. A través de los ministerios universitarios y del trabajo de El Niño y La Bola, Molly experimentó el cambio del Señor para los que la rodeaban, y descubrió parte de su propósito de dar su vida por ayudar a los jóvenes. Molly es actualmente la Directora de Comunicaciones de El Niño y La Bola. Ella, su marido, Joey, y su hijo viven en Atlanta, Georgia.

EL NIÑO Y LA BOLA

El Niño y la Bola es una organización internacional sin fines de lucro que llega y equipa a los jóvenes para transformar sus comunidades. Somos un movimiento creciente de lideres, donantes, voluntarios, iglesias, escuelas y empresas que se han volcado para impactar las ciudades en las que vivimos.

Durante más de veinte años, hemos lanzado a líderes en crecimiento a las cinco Piezas Olvidadas. Hemos visto a muchos llegar a conocerlo y encontrar Su propósito. Y hemos visto comunidades enteras transformadas gracias a la obra siempre presente de Dios en barrios de todo el mundo.

Síguenos en Facebook, Instagram, y LinkedIn.

◯   f   in

@boywithaball

PARA OBTENER MÁS RECURSOS DE EL NIÑO Y LA BOLA, VISITE:

FORGOTTENPIECES.COM

boywithaball.com | info@boywithaball.com
PO BOX 748, Buford, GA 30515 EE UU

www.ingramcontent.com/pod-product-compliance
Lightning Source LLC
LaVergne TN
LVHW051521070426
835507LV00023B/3233